日本人の英語表現

T・D・ミントン 著　国井仗司 訳
T. D. Minton　　　Tr. by George Cooney

Expressing Yourself in English

研究社

Copyright © 2012 by T.D. Minton and George Cooney

日本人の英語表現
Expressing Yourself in English

PRINTED IN JAPAN

はじめに

　私が外国人だからでしょうか、「日本語ってむずかしいでしょう」と質問されることがよくあります。どうしてそう思うのですか、と聞くと、まず漢字のハードルが高いし、英語にはない敬語や表現のあやもいろいろとあるので、覚えるのも使いこなすのも大変だろうから、という答えがおきまりのように返ってきます。
　確かに、漢字はこつこつ覚えるしかありません。また、日本語には敬語をはじめ多彩な表現方法があり、きわめて繊細な感覚やニュアンスを日本語ならではの手法で伝えることができる、という点もうなずけます。主語を省略したりしながら、豊かな情感を簡潔に表現できる、という日本語の特性は、たとえば短歌や俳句、川柳などにもいかんなく発揮されています。そうした細やかな表現力を、日本人のみなさんが誇りに思われるのも当然でしょう。
　ですが、「そうした繊細な感覚は日本独自のものであって、日本語以外の言語でデリケートなニュアンスを表現することなどできるはずがない」と考えている方がもしいらっしゃるとしたら、外国人の１人としては、ちょっと異議を唱えたいと思います。

▶「日本語だけは特殊」という先入観

　たとえば、日本語独自の敬語という表現形式は、確かに特殊かもし

れません。しかし、話し手と聞き手が置かれている立場を考えながら、それにふさわしい表現を選んで使う、というのは、実は英語でもごく普通に行なわれています。たとえば一国の首脳に向かって話すようなときは、親兄弟や幼なじみの親友と話す場合とは違って、英語でも当然最上級のていねい表現が用いられますし、ほかにも度合いの異なるさまざまなていねい表現が、英語圏でも実生活のなかで当たり前のように使われているのです。

にもかかわらず、長年日本の複数の大学で英語を教えてきた私の経験からいうと、英語のていねい表現に対する学生のみなさんの意識はきわめて希薄です。英作文の問題で「できるだけていねいな英語で表現するように」と指示してみるとわかりますが、ごく初歩的な文章すらていねいに書けない学生が意外と多いのです。

もちろん、これは単に学生だけの問題ではなく、日本の英語教育全般の問題かもしれません。もしかしたら、「英語にはていねい表現がない」という思い込みが、教える側にも学ぶ側にも広くはびこっているのではないでしょうか。

もしみなさんの頭のなかに、「日本語は特殊でむずかしい言語なので、日本語と同じような繊細な表現は英語ではできない」という思い込みがあるとしたら、まずそれを捨ててください。

英語で日本語と同じように繊細な言い方ができないなら、理由はただ1つ、「英語の繊細な表現方法をよく知らないから」です。

▶日本語表現のあやと英語表現

日本語表現の持つあやの深さについては、私もまったく異論はありません。たとえば日本語の「待つ」という言い方は、場面に応じて次

のようにいろいろな表現ができますが、いずれも微妙に異なるニュアンスを持っています。

1. お待ちしておりました
2. 待っておりました
3. 待っていました
4. 待ってました

　日本人なら、この4つの例文を読めば、それぞれおよそどんな場面で使われるフレーズかがすぐ理解でき、状況の違いが目に浮かんでくるでしょう。1の「お待ちしておりました」は、誰か大切なお客様を迎えるときでしょうし、2の「待っておりました」は、たとえば、やや時代がかった小説か映画などで、目上の人や権威ある人（たとえば御奉行様）に、自分が昨日の午後何をしていたか説明しているくだり（「にわか雨が止むのを軒先で待っておりました」）などが想像されます。3の「待っていました」は、2とやや似ていますが、時代は現代で、相手は自分よりおそらく少し目上で、特に親しくはない、という状況が浮かびます。4の「待ってました」は、旅芸人一座の公演で、ひいきの役者が登場したときのお客さんのかけ声、といったところでしょうか。

　日本語ではこのように、同じようなフレーズでもほんの一部分を変えるだけで、伝わる意味合いや情景は大きく違ってきます。日本語を学び始めたばかりの外国人には、これは確かに繊細で理解しにくいことでしょう。

　しかし、微妙な表現の差がニュアンスの違いにつながる、というのは、なにも日本語の専売特許ではありません。英語でもこれと同じく、ほんの少し言い方を変えるだけで、相手にはまったく異なるメッセー

ジを発信することができるのです。

　前出の日本語例文1～4は、表現が微妙に違うだけなのに、はっきりと異なる場面や状況を想起させます。しかし、これと同様のことは英語でも起こります。英語を母国語とする人々は、英語表現のごくわずかな違いに反応して、かなりはっきり異なるイメージを思い浮かべます。このイメージは、英語のネイティブスピーカーのあいだではおおむね共通する部分が多いので、地域性などによる多少の違いはあっても、そうした言外のイメージを通じたコミュニケーションは問題なく成立します。

　ところが日本人のみなさんは、「てにをは」や敬語の使い方などには非常に敏感な反面、英語になると、一つ覚えの表現でぞんざいに済ませている人が少なくありません。曲がりなりに通じればそれでいい、というレベルを脱却していないのです。そういう人は、英語を通じてやりとりされるはずの細やかなイメージを、世界の人々とうまく共有できず、その結果、十分なコミュニケーションの疎通をはかることができません。

　なぜ日本人は、母国語ではお家芸ともなっている繊細なことばへの感性を、英語でも発揮しないのでしょうか？　これは、私が長年日本で英語を教えるなかで、つねに抱いてきた疑問です。

　先ほども述べましたが、もしかして「日本語は特殊で表現力の豊かなことばだが、英語はそうではない。だから、ぞんざいな表現で済ませてもいい」という先入観がみなさんの心のなかにあるのではないでしょうか。だとしたら、実にもったいない話です。

　世界ではじめて長編小説を書いた紫式部も日本人ですし、今では世界的に知られる俳句という簡潔かつ奥の深い表現形式を生み出したのも日本人です。もしことばに対する優れた感性が日本人のDNAに組み込まれているとしたら、それを英語でも発揮できないはずがありま

せん。

　外国人が日本語を日本人並みに正しく使いこなそうと思ったら、前出の例文1〜4の違いがストレートにわかるくらいでなければなりませんし、そこまで到達するには、正直かなりの勉強が必要でしょう。これと同じく、英語を本気で学ぼうというみなさんには、英語表現の細かなあやを正しく理解し、それを地道に自分のものにしていく、という姿勢が求められます。それを怠れば、いつまでたっても自在に英語を使いこなすことはできません。

　個々の英語表現は、何らかの副次的なイメージないし、ニュアンスを伴う場合が少なくありません。これは、英文法のように規則ないし体系として存在するものではなく、英語の世界で生きていくなかで誰もが会得する経験則のようなものです（日本人のみなさんも、同じように日本語表現についての経験則を身につけています。したがって、何か日本語のフレーズを聞けば日本人は共通のイメージを想起し、このイメージを介して細やかなコミュニケーションが成立するのです）。

　とすれば、英語上級者のみなさんがめざすべきゴールは、はっきりしています。日本人が個々の日本語表現を受けて共通イメージを想起するように、**英語のネイティブスピーカーが個々の英語表現からどんな共通イメージを思い浮かべているかを理解し、自分の抱いていたイメージとのずれを修正していけばよいのです。**

▶英語表現と結びついたイメージをどう会得するか

　では、具体的にはどうしたらよいでしょうか。
　もっとも実践的な方法は、英語が生活と直結している環境に身を置いて、英語表現がどんなイメージと結びついているかを日々の体験か

ら吸収していくことです。これはネイティブスピーカーの母国語習得方法に近く、海外に滞在して日本語をまったく使わずに生活していれば、自然と身体に染みついていくはずです。

それが無理な人は、英語のテレビ番組や映画を数多く見たり、英語の新聞、雑誌、本などをたくさん読んで、英語環境をシミュレートすることによって、海外での生活に似た状況を体験できます。ただ、このやり方はインタラクティブではないため、自分の抱いているイメージと英語のネイティブスピーカーの持つイメージとのずれに気づかない場合が多いのが欠点です。

もし有能な指導者が近くにいれば、個人レッスンやグループレッスンで英語のネイティブスピーカーとの感覚のずれを指摘してもらうのが有効です。本来なら、そうした指導は学校で英語上級コースの授業の一環として行なわれるべきでしょう。理想的には、学校で英語を教える先生すべてが日本語表現と英語表現の感覚の違いを深く理解していて、生徒や学生の間違いを的確に指摘し矯正していく、という形が望ましいのですが、現実にはなかなかむずかしいかもしれません。

2009年に告示された高等学校の新学習指導要領では、オーラル・コミュニケーションに代わって、「英語表現Ⅰ」「英語表現Ⅱ」が科目に加わることになりました。しかし、その指導内容がはたして今述べたような理想的方向にシフトしていくかどうかは、今後しっかり見守る必要があります。

私自身も日本の大学で学生に英語を教えながら、こうした日本語と英語の感覚のずれをどう解決したらよいか、ずっと頭を悩ませてきました。

幸か不幸か、私はこれまでに日本人の英語表現の間違いをいやというほど見ています。もしかしたら、そのなかから特に典型的なものをピックアップし、これを徹底的に解剖してみれば、日本人がそうした

英語表現を見て受ける誤ったイメージを類型化できるのではないか。そうすれば、日本人の英語学習者に、転ばぬ先の杖として利用してもらえるのではないか。そう思ったことが、この本を書き始めたそもそものきっかけでした。

▶英語表現のニュアンスに敏感になろう

　本書では、日本で英語を学ぶみなさんが間違って使うことの多い英語表現を取り上げ、英語のネイティブスピーカーがそうした表現から受けるイメージと、日本人のみなさんが思い込みがちなイメージがいかに異なるかを、わかりやすく説明するよう心がけました。問題のある事例をくまなく網羅するのはとうてい不可能ですが、本書に挙げたような典型的な事例について多少とも知っていれば、英語表現特有のニュアンスに対する感性を磨く一助になるはずです。

　日本人の英語表現において、もっとも初歩的で、しかも根の深い間違いは、そうした英語表現のニュアンスに対してあまりにも無頓着なことです。先にも述べた通り、日本人は母国語では「お待ちしておりました」から「待ってました」まで、わずかな語形変化でさまざまなニュアンスの違いが表現できるのに、いざ英語になると、そうした違いを表現しようとする努力を最初から放棄している人が多いように思います。英語表現においても、ちょっとした違いで意味は大きく異なる、というごく当たり前の事実が、意外なほど認識されていないのです。

　そうした英語表現の常識をまったく無視して、ただ日本語を直訳して英語にしただけでは、相手にまともに話が通じるはずがありません。ところが、日本の英語教育はいまだにその域を出ず、何十年もそこで

足踏みしつづけているように見えます。実際、「お待ちしておりました」をていねいな英語で表現しなさい、という例題を学生に出すと、

I/We have been waiting for you. [??]

などという答えが平気で出てくるのです。日本語の論理だけで考えると、この直訳のどこがどういけないのかはたぶんわからないでしょう。しかし英語表現の一般常識から見ると、この言い方は日本語の「お待ちしておりました」とはまったく違った意味になり、大変失礼な言い方と受け取られることすらあるのです（詳しくは第3章を参照してください）。

　本書では、従来の学校英語教育であまり取り上げられることのなかった英語表現のニュアンス（あるいは副次的な意味合い）に焦点を絞り、いわゆる「英作文」的な英語がなぜピントのずれた言い方になってしまうのか、大学で英語を教えるネイティブスピーカーの視点から詳しく解説しています。

　本書は前著『ここがおかしい日本人の英文法』シリーズとタイトルこそ似ていますが、テーマもアプローチも大きく異なります。本書では例題中心のケーススタディ形式をとったほか、書きことばではなく、話しことばにより重点を置きました。

　各章の冒頭では、ごく普通の日本語会話表現と、これを日本人的感覚で英語化した例文（英作文）を挙げました。そして、その意味やニュアンスが原文とどう違っているかを説明したあと、より英語的な感覚ではこれをどう表現するかを示しています。

　ただし、話はいろいろなところへ飛んで、英語のさまざまな常識についても必要に応じて言及しますので、例題はあくまで話のまくら程度だと思ってください。

個々の例題の正解を求めて飛ばし読みするのもよいでしょう。しかしそれ以上に、間違った解答のどの部分がどういう理由でネイティブスピーカーに違和感を与えているのかをじっくり考え、**背後にある英語的な論理を自分なりに把握しようと努めることこそが、英語表現力を高める近道**となるのです。

▶例文の日本語訳を一部省略した理由

　なお、英文の一部には日本語訳を添えていないものもあります。英語表現のニュアンスを直接把握していただきたいと考えて、あえて日本語併記を避けたのです。「この英語表現にはどういう意味合いがあるのかな」と考える間もなく日本語訳が提示されると、結局は英文をじっくり読まずに終わってしまいます。これでは英語表現のニュアンスがうまく感じ取れず、学習効果も半減してしまうでしょう。

　本書は中～上級者の方を読者として想定していますので、この本に出てくる程度の簡単な英文なら、日本語訳がなくても基本的な意味は十分に理解できるはずです。むしろ心配なのは、この程度の簡単な英語表現でも、それぞれ言外に明確な意味合いを持っているのに、それを日本人のみなさんが見ようとしない場合が多い、という点なのです。

　一部に日本語も併記しましたが、本来はそれもしないほうがよかったかもしれません。みなさんが例文の英語表現を読んで頭のなかにイメージを描く前に、日本語からのイメージが植え付けられてしまうおそれがあるからです。日本語訳はなるべく見ないようにすることをお勧めします。

　読者のみなさんには、決して英語のおおまかな意味をつかむだけのレベルで満足しないでいただきたいと思います。一見なんの変哲もな

い英語表現でも、実はそれぞれが特定のイメージあるいは意味合いと深く結びついていることが多いので、まずそれを見逃さないよう注意してください。そうした意味合いをはっきりと認識することが、英語表現を正しく使いこなすための第一歩なのです。

意味を日本語でつかもうと考えている限り、そうした英語表現の機微に触れることはできません。安易に日本語で意味を考えず、なるべく英語表現からダイレクトに意味合いを感じ取ることをめざしてください。

この本を読んで、以前よりも英語表現と日本語表現のイメージのずれに気を遣いながら英語を使うようになった、という方が少しでも増えれば幸いです。

本書を翻訳した国井仗司氏（George Cooney）の尽力に、深く感謝します。氏は卓越した翻訳者であるだけでなく、私の投げかける疑問や相談に的確に対応し、内容や編集に関しても提案や助言を行なうなど、目に見えない部分でも本書に多大な貢献をもたらしました。また、ともすると締め切りに遅れそうになる私たちを叱咤激励し、有益な助言を与え、俊敏に原稿整理を進めてくださった研究社編集部の金子靖氏にも、同じく感謝します。

2012年5月

T・D・ミントン（T. D. Minton）

目 次

はじめに   3
- 「日本語だけは特殊」という先入観   3
- 日本語表現のあやと英語表現   4
- 英語表現と結びついたイメージをどう会得するか   7
- 英語表現のニュアンスに敏感になろう   9
- 例文の日本語訳を一部省略した理由   11

■ 第1章
英語のていねい表現についての誤解   19
- 文章のつなぎ方に気配りを   20
- 命令形についての誤解   27

■ 1. Please lend me 10,000 yen. が不適切な理由   29
- 英語の命令形は命令ではない場合もある   30
- 電車の英語アナウンスへの疑問   30
- 「命令ではない命令形」の見分け方   33
- 相手に有益な情報を伝えるときも命令形   35
- 命令形を使ったていねい表現の分類   39
- Please を付ければていねいになる、という誤解   42

- Please を I want you to 〜と言い換えてみる　45
- ポイントは相手が命令を理不尽と受け取るかどうか　48

2. Will / Would / Can / Could you lend me 10,000 yen, please? は OK?　49

- 付加疑問文を倒置すると見えてくるもの　51
- 付加疑問文をていねいにするには　52

3. I would like you to lend me 10,000 yen ではなぜいけないのか　55

4. Would you mind lending me 10,000 yen? でもまだ不十分　57

5. 結論　59

- Could you...? + possibly で見違えるほどていねいな言い方に　60
- ていねいな頼み方の仕上げは I wonder if 〜　61
- 正解とまとめ　62

第2章

会話での未来形：will と be going to が見せる別の顔　67

- 相手に予定を伝える能力は日常会話で必須　67
- 場面に合った未来表現ができるか？　69
- 単なる未来表現ではない will と be going to　71
- 復習が必要な in と later/after の違い　74

■ 第3章

単語本来の意味合いに敏感になろう 82
- waiting に「待望」の意味合いはない 83
- expect を使うと別の意味合いが 84
- 解答例 86

■ 第4章

同義語でも、意味合いは微妙に違う 88
- get out of と leave の意味合いの違い 88
- get into にも特殊な意味合いが 91

■ 第5章

文字通り英語にしただけで「安心」するのは「危険」 95
- ほんとうの意味は意訳でしか伝わらない場合も 95
- 国ごとの文化の違いにも注意 97
- 逐語訳の是非 99

■ 第6章

理解を「じゃま」する間違いだらけの英語表現　　101

- 首をかしげたくなる和英辞書の例文　　101
- 「おじゃまします」の例文に異議あり　　104
- 「おじゃまします」のその他の英語表現　　109
- interruptとdisturbの違い　　111

■ 第7章

comeとgoに潜む落とし穴　　116

- 「すぐ」とsoonの違い　　116
- comeとgoの意外な使い分け　　119
- 主語によっても変わるcomeとgo　　122
- come/goは出発と到着のどちらを指すか？　　125
- ネイティブが微妙に使い分けるgo toとget to　　127

■ 第8章

奥の深い bring と take の使い分け　　131
- できますか？　bring と take の使い分け　　131
- **■練習問題　bring と take の使い分け**　　133
- 答えと解説　　136
- bring/take のまとめ　　171
- つまらないもの　　172
- go/come と「行く／来る」の違い　　176
- bring は「持って行く」ではない？　　179

第 **1** 章

英語のていねい表現についての誤解

□ 例題：次の文章をできるだけていねいな英語で表現しなさい。

「大変恐縮ですが、財布を家に忘れてきてしまいましたので、1万円ぐらい貸していただけませんか」
↓
[典型的な解答例]
I am very grateful to you, but I have forgotten my wallet at home, will you lend me about 10,000 yen, please? [??]*

* [??] は、この場面設定にふさわしくない解答、という意味で用いています。このマークを付けた文には、英文として明らかに間違っているもののほか、英文としては成立するがコンテキストにはそぐわない、というものも含まれます。

この章を書く前に、ある大学で受け持っていたそれぞれ定員25人の2クラスの学生に上の例題を見せ、できるだけていねいな英語で表現させてみました。両クラスとも聡明な学生ぞろいでしたが、

結果はちょっと期待はずれでした。高校までにいろいろ教育を受けてきた学生のみなさんも、ていねいな英語表現の仕方までは教わっていなかったようです。

「英語ではていねいな言い方はできないでしょう」とあちこちで日本人のみなさんに言われますが、それはとんでもない誤解です。確かに、日本の敬語のように敬称や語形変化を使って表現するわけではありませんが、英語にもていねいな表現方法はたくさんあります。日本人は、母国語のていねいさの度合いには大変敏感なわりには、英語のていねい表現には関心が薄いようで、私は日頃からそのギャップが気になっています。英語のていねい表現を軽視するのは、日本の英語教育の大きな盲点の1つといえるのではないでしょうか。

▶文章のつなぎ方に気配りを

冒頭に挙げた英訳は、学生の間違った解答例を参考にまとめたものです。いくつか修正すべきところがありますが、まず問題なのは、3つの独立したセンテンスを無理矢理1つにしてしまっていることです。この英文は、

a. I am very grateful to you.
b. I have forgotten my wallet at home.
c. Will you lend me about 10,000 yen, please?

の3つからなっていますが、そのつなぎが不自然で、特に2と3のつなぎ方がよくありません。英語では、独立した2つのセンテンスをコンマでだらだらつなぐのは好ましくありませんし、文法的に

正しくないと判断されてしまうこともあります。独立したセンテンスの切れ目は、ピリオド (.) やクエスチョンマーク (?)、セミコロン (;)、コロン (:) などではっきり区切りましょう。もしつなげたいなら、コンマだけでなく接続詞も入れてください。英語のネイティブスピーカーでも、

I like beer, I don't like whisky. [??]

などと締まりのない書き方をする人がいるのは事実ですが、正しくは、

I like beer, but I don't like whisky.

のように接続詞を入れるべきです。

　冒頭の英訳では、2と3のあいだをコンマではなく、ピリオドかコロンで区切るとよいでしょう。ここに so を入れてつなぐ方法もありますが、こんな短い文章で2回も接続詞を使うのはいただけません。

a.「大変恐縮ですが」

　困ったことに、「大変恐縮ですが」を無視してしまった学生が半分ほどいました。残りの大半は I'm very/terribly sorry to bother/trouble you などと、なかなかうまく英語にしていましたが……。
　中には冒頭の英訳例と同じ be grateful to や、appreciate を使った学生もいました。残念ながらこの言い方は、この例にはあてはまりません。grateful や appreciate を使えるのは、すでに相手が何

かしてくれている場合や、する約束をしている場合に限られるからです。

相手に何かしてもらったのなら、「大変恐縮です」は感謝を表わす意味になるので、以下のように言えばよいでしょう。

・I am very grateful to you.
・I greatly appreciate it.

どちらも意味は Thank you very much. とほぼ同じです。

ちなみに2つ目の例文は、「あなたに感謝する、という意味だから、I greatly appreciate you. じゃないの？」と思う人もいるかもしれませんが、英語ではそうは言いません。appreciate という語は「物」を目的語にとるので、appreciate you と言うと、まるで「あなた」を「物」扱いしているように聞こえてしまいます。したがって、「あなたがしてくれたこと（it）を高く評価する」という形で it を使うのが正しいのです。

さて、この「恐縮です」のように、日本語には (1) 申し訳なく思うときと、(2) 感謝するときの両方に使える便利な言い方がたくさんあります。しかし、英語ではこの2つはまったく別の言い方になりますから、「申し訳ない」と言いたいのか「感謝」したいのかを見きわめて、それに合った表現を選ぶ必要があるのです。

ちょっと横道にそれますが、感謝を表わす be grateful to や appreciate に仮定法を使うと、ていねいに依頼する表現になることも覚えておいてください。例題の「恐縮ですが」（「申し訳ないが」の意）にはこの感謝表現＋仮定法は使えませんが、例題の末尾の「1万円ぐらい貸していただけませんか」にはぴったりの語法です。

・I would be very grateful if you could lend me 10,000 yen.

・I would greatly appreciate it if you could lend me 10,000 yen.

ただし、今回この語法を使って解答した学生はほとんどいませんでした。would は could に替えてもよく、どちらを使ってもていねいさは変わりません。ただ、「できるだけていねいな英文」にする観点からは、これでもまだ満点とは言えませんが。

さて、「大変恐縮ですが」に戻りましょう。ここで be obliged to を使うのはどうでしょうか？

まず問題なのは、I am obliged to you. は I am grateful to you. / I appreciate it. と同じ感謝の表現なので、例文の「大変恐縮ですが」(＝申し訳ないのですが) には該当しないことです。

また、be obliged to というのは「かたじけない」に近い古めかしい言い方で、私がこれを使うと、うちの子供たちは大笑いするでしょう。その意味でも、「1万円ぐらい貸してくれませんか」を次のように表現するのはお勧めできません。

I would be greatly obliged if you would lend me 10,000 yen. [??]

「大変恐縮ですが」を Excuse me. と訳した学生も2人ほどいましたが、これもちょっとずれています。初歩的なことですが、英語の Excuse me. は相手の注意を引くためのていねいな呼びかけで、「すみません」とほぼ同じです。駅までの道を人に聞くときに使う、

Excuse me. Could you possibly tell me how to get to the train station from here?

などがその典型的なパターンで、知らない人に話しかけるきっかけとして Excuse me. と言うことが多いのです。

しかし、例題のシチュエーションはこれとは違うので、Excuse me. のように、ただ相手を振り向かせるだけの言い方では不十分です。

　Excuse me. はこのほか、自分も含めて3人以上が会話するなかで話に割って入りたいとき（特に相手の主張に反論する場合）にも使いますが、この例題はその状況には該当しません。

　余談ですが、Excuse me? と尻上がりのイントネーションで言うと、よく聞こえなかったので繰り返してほしい、というリクエストになります（Sorry? も同じ）。また、「なんですって？」のように、相手の発言への不快感と強い反対を表わすときも、Excuse me? が使えます。

A:　Your husband is an idiot.
B:　Excuse me?
A:　あなたのご主人ってまぬけな人ね。
B:　なんですって？

　この短い Excuse me? には、「そんな失礼なことを言うなんて信じられない、きっと聞き違いですよね？（撤回しなさい！）」という意味が込められています。

b.「財布を家に忘れてきてしまいましたので」

　予想した通り、この箇所では「忘れる」を forget と訳した学生がほとんどでした。しかし、ここで forget を使うのは適切ではありません。「（どこかに）忘れてきた」という場合は、「置き忘れてきた」の意味ですから、forget ではなく、次のように leave を使うべきなのです。

I have left my wallet at home. [○]

もしどうしても forget を使うなら、そのあとの to bring が省略されていると見なして、

I have forgotten (to bring) my wallet (with me). [○]

という言い方にすることは可能です。しかし、これに at home を付けて、

I have forgotten to bring my wallet at home. [×]

と言ってしまうと、間違いになります。bring は**移動**を示唆するのに対し、at home は **1 カ所に留まる**ことを意味するので、矛盾してしまうからです。

c.「1万円ぐらい貸していただけませんか」

この文に対する学生の訳は、文法の間違いに目をつむれば、おおむね次の4パターンに分けられます。

1. Please lend me 10,000 yen.
2. Will/Would/Can/Could you lend me 10,000 yen, please?
3. I would like you to lend me 10,000 yen.
4. Would you mind lending me 10,000 yen?

この4つを順に検討していきましょう。なお、順序は適当に選んだもので、正答順や答えの多い順ではありません。このなかでもっ

とも好ましいのは4ですが、訳としてはどれも不十分です。いちばん多かった答えは2でした。

学生の大半は「ぐらい」を特に訳しませんでしたが、これは正しい判断といえます。そもそも、英語で lend me のあとに about 10,000 yen とつづけるのは、ネイティブスピーカーからみるとちょっと違和感のある言い方です（10,000 yen or so とすれば問題ありませんが）。しかしそれ以前に、英語では日本語と違って、「ぐらい」という言い方をあまりひんぱんには使わないのです。たとえば「ちょうど2週間ぐらいかかります」を文字通り、

It will take about exactly two weeks. [×]

としてしまうと、about（大体、約）と exactly（正確に）が意味的に矛盾します。日本語でも「**ちょうど2週間ぐらい**」は本来なら矛盾した言い方なのですが、このくらいなら大目に見られるのが普通ですね。しかし、英語では、このように矛盾した言い方は極端にきらわれる、ということをよく覚えておいてください。

この「1万円ぐらい」や「2週間ぐらい」の例では、「ぐらい」というのは単に断定を避ける表現なので、無理に英語に直す必要はありません。こうした「ぐらい」の使い方は、日本人のみなさんのほうがよくご存じでしょう。

念のため妻（日本人）に例文を見せたところ、「1万円**ぐらい**貸していただけませんか」という日本語は不自然な気もする、という答えが返ってきました。ほかにもこうした状況で「ぐらい」ということばを使うことに、なんとなく違和感を持つ人はいるかもしれません。しかし、以前妻にこの例文を見せたときは特に異議は出なかったので、少なくとも明らかに不自然な表現というわけではないと考えられます。

ついでながら、「ちょうど2週間」を just two weeks とするのも間違いです。just のあとに数字がくる場合は only（たった）と同じで、just two weeks は「たった2週間」の意味になるからです。
　しかし1つ例外があり、あとに来る数字が時刻を表わす場合だけは「ちょうど」の意味になります。

　just 3 o'clock [○]

とはいえ、できれば「ちょうど3時」と言う場合も just は避けたほうがよいでしょう。代わりに、

　exactly 3 o'clock [◎]

と言うほうが無難です。なぜなら、時刻に関しては、

　It's just gone 3 o'clock.

という別の表現もあり、こちらは「3時少し過ぎ」という意味なので、紛らわしいからです。

▶命令形についての誤解

　さて、学生諸君が「1万円ぐらい貸していただけませんか」をどう訳したかをみる前に、私のかつての同僚（日本人）のある体験談をご紹介しておきましょう。
　この先生はサファリを楽しもうとケニアに出かけたのですが、初日にホテルを出発して車でケニア人のガイドとしばらく行くと、急

にそのガイドが"Milo, Milo!"と話しかけてきました。先生はてっきりMiloというチョコレート味の麦芽飲料（商標）を勧められているものと思い、

Not right now, thank you — I've only just had breakfast.
朝食をとったばかりだから、今はいらない。

と断りましたが、ガイドはそのあともたびたびこの誘いを繰り返します。
　ですが、車のなかにそんな飲み物は見当たりません。
　「ひょっとしたらこのガイドは頭がおかしいのかもしれないぞ、無事に帰れるだろうか」と先生は不安にかられました。
　しかし、ガイドの身振りをよく見ると、どうも飲み物を勧めているのではなさそうです。
　そしてはたと気づきました。このガイドは、日本語で「見ろ」と言っていたのです！　おそらく、以前訪れた日本人客に、"Look"は日本語で「見ろ」だと教わったのでしょう。
　この先生にしてみれば、まさか現地のサファリガイドが日本語で話しかけてくるなどとは思いもよらず、ましてや「見ろ」と命令形で言われるのは予想外だったので、すぐには理解できなかったのです。
　この逸話は単なる笑い話のようですが、実はその根底には、多くの日本人が英語の命令形に対して抱くある誤解が潜んでいます。それが、次に示す「1万円ぐらい貸していただけませんか」の解答例にも顕著に表われているのです。

■ 1. Please lend me 10,000 yen. が不適切な理由

まず、冒頭に示した Please lend me 10,000 yen. という解答例から見てみましょう。

この答えがなぜ不適切かというと、Please を使ってはいるものの、実際にはていねいな依頼になっていないからです。6年以上も英語を勉強してきたみなさんならば、ていねいな言い方についてもう少し知っておいてほしいものです。そもそも、

Lend me 10,000 yen.　[×]

などというのは非常に理不尽な命令にあたります。「金を貸せ」などと命令する権利は誰にもないのです。ですから、それにいくらplease を添えても、ていねいな依頼にはなりません。

そしてもう1つ覚えておいてほしいのは、**英語の命令形と日本語の命令形を同一視してはいけない**、という点です。たとえば前述のサファリの例では、ガイドが客に日本語で「見ろ、見ろ」と言うのは「上から目線」になるので不適切です。しかし英語では、Look, look という命令形を使っても何の問題もありません。

敬語表現を取り払った日本語の命令形「見ろ」は、文字通り命令ですが、これに対し英語の命令形 Look は、命令というよりは注意を喚起する言い方で、むしろ「ご覧なさい」、「見てください」、「ほら」といった意味合いに近いのです。

この違いを知らないと、英語の命令形を聞いて日本語の命令形と同じ居丈高な意味合いだと思い込み、英語は基本的に粗暴な言語だ、などという極論を唱えることにもなりかねません。

ケニア人ガイドに look の日本語訳は「見ろ」だ、と誤って教えた日本人も、おそらく日本語と英語の命令形が同等だと誤解してい

たのでしょう。

▶英語の命令形は命令ではない場合もある

英語の命令形は必ずしも命令を意味しない、と聞いて「そんなばかな」と思う人もいるかもしれませんが、ある古典的な例をマーク・ピーターセン氏が指摘しています。

ハーマン・メルヴィルの『白鯨』(Herman Melville, *Moby-Dick*, 1851) に *Look*, he'll twitch you off soon. という一節がありますが、ある日本語訳ではこの"Look"が「見ろ」と誤訳されている、というのです。

細かい状況説明は省きますが、確かにこの"Look"は、「おい」「ほら」(ピーターセン氏によれば「いいか」) のような間投詞ととらえるほうが自然です。

look という間投詞は、話し手がなにか大事なことを言おうとして、聞き手の注意を喚起するときに使われることばです。それを「見ろ」と命令形で日本語に訳してしまうと、なんだかわけがわからなくなってしまうのです。

▶電車の英語アナウンスへの疑問

日本人が英語と日本語の命令形を混同する傾向があることは、日本の電車に乗ったときに流れてくる英語のアナウンスからもわかります。

その典型的な例を紹介しておきましょう。

This is the Yamanote Line train bound for Ueno and Ikebukuro. The next station is Kanda. The doors on the left side will open. Please change here for the Chuo Line and the Ginza Subway Line.

どこが間違っているかおわかりでしょうか？（ちなみに間違いは1カ所だけではありません！）

まず冒頭の文には、本題である命令形とはやや別種の間違いがあります。アナウンスを担当している女性はたぶんネイティブスピーカーだと思いますが、だとしたら彼女はレコーディングのときに「ここで *the* Yamanote Line *train* というのはおかしいですね」と指摘して、冠詞を the ではなく a に訂正しておくべきだったと思います。

This is *the* Yamanote Line train bound for Ueno and Ikebukuro. というと、山手線にはこの電車以外は走っていない、または上野・池袋方面行きの山手線の電車は唯一この電車だけである、という意味合いになってしまいます。

実際には山手線の電車は何本もあり、上野・池袋方面行きも多数ありますから、その1本に過ぎないこの電車の車内アナウンスは、a Yamanote Line train としなければなりません。

（通常は Yamanote Line は固有名詞で the が付きますが、ここでは train という名詞を修飾しているので、冠詞はあくまで名詞 train に合わせて a とするのが正解で、修飾語である Yamanote Line に合わせて the とするのは間違いなのです。）

新幹線に乗ると、This is *the* Kodama super express bound for Shin Osaka. といったアナウンスをよく耳にしますが、これも「新大阪行きのこだま」はこれ1本しかない、という意味合いになっ

てしまうので、本来はtheではなくaが正しいのです(ネイティブなら間違えるはずがないので、もしかしたら女性アナウンサーが間違いを指摘したのに聞き入れてもらえなかったのかもしれませんね)。

さて、本題の命令形に話を戻しましょう。山手線のアナウンスに含まれるもう1つの誤りは、Please change here for ... という部分です。

「ここでお乗り換えください」をこう英訳した担当者は、おそらく「裸の命令形では失礼だから前にpleaseを付けよう」と思ったのでしょう。その気持ちはわかりますが、このように日本語と英語の命令形を同じ感覚でとらえてしまうと、よく間違いが起こります。

実は、英語でChange here for ... というのは**形式上は命令形ですが、意味上は命令ではなく、単に「聞き手に役立つ情報の提供」を**しているに過ぎないのです。ケニアのサファリで"Look, look."が命令ではないのと同様です。

ところが、これにpleaseを付け加えると、Change here for ... はもはや情報提供ではなく、命令文としか解釈できなくなってしまいます。しかも、ていねいさを生む効果は微々たるものに過ぎません。

その結果、このアナウンスは「どなた様もこちらでお乗り換えください」という、もとの意図とまったく違う意味になってしまっているのです。乗り換える必要のない乗客は、困惑してしまうでしょう。Pleaseさえなければ、神田で乗り換える乗客への情報提供として適切な表現だったのですが……。

ついでながら、for the Chuo Line *and* the Ginza Subway Lineという部分も誤りで、「中央線と地下鉄銀座線の両方」に乗り換える、という奇妙な意味になってしまっています。

▶「命令ではない命令形」の見分け方

もちろん英語の命令形も、日本語のそれと同じく命令を意味する場合はあります。では、英語の命令形が命令なのかそうでないかはどうやって見分けるのでしょうか。

実はこれをことばの表現だけから判断するのはむずかしく、置かれた状況や話し手の意図、聞き手の受け取り方などから総合的に判断する必要があります。

たとえば学生が教室の机の上に立ってふざけているのを私が見てSit down.と言う場合は、「座れ！」と訳しても不適切ではないでしょう（ただし、「座れ」だと英語のSit down.よりも強い言い方に聞こえるので、「座りなさい！」のほうが意味合いとしては近いと思います）。

その一方で、たとえば家に招いたお客様を出迎える場合でも、英語ではCome in. Sit down.（よりナチュラルにはTake a seat.）などと言います。この言い方は一見ぶっきらぼうなようですが、これでも十分「お入りください、おかけください」という意味合いは込められていて、決して「入れ、座れ」と言っているわけではないのです。

その違いは明らかだと思いますが、一応説明しておきましょう。最初の例では、学生がふざけている状況と私の声のトーンから、Sit down.が命令であることは明らかですし、学生もそう受け取るはずです。これに対し、あとのCome in.やSit down.は明らかに相手への誘いかけであって、命令ではないのです。

サファリのガイドがLook, look.と言ったのもこれと同じで、「面白いものがあるから見てみませんか」という誘いかけにほかならず、別に横柄な言い方ではないのです。

英語では、命令形で相手に話しかけたとしても、それだけで失礼

と受け取られるわけではありません。話し手が当然命令形を使うべき立場の人であれば、聞き手はそれを素直に受け入れ、別に無礼だとは思わないのです。

これに対し、日本語では、話し手と聞き手の立場がどうであれ、命令形を使うのはきわめて横柄ととられてしまうようです。そこが英語と日本語の命令形のいちばん大きな違いでしょう。

その好例が、オックスフォード大学やケンブリッジ大学の庭などに見られる Keep off the grass. という立て札です。日本だったら、「芝生に入るな」と命令形で書かれると、ちょっとカチンとくる人もいるでしょう。でも、イギリス人はこの命令形の立て札に反発を覚えたりはしません。大学は芝生の所有者なので、芝生をハイヒールやトレッキングシューズなどで踏みにじらないように訪問者に命令するのは、大学側の当然の権利ですし、訪問者のほうも大学にそうした権利があることを認識しているので、命令形でもすんなり受け入れられるのです。

そう考えると、この Keep off the grass. は、日本語では「芝生に入るな」という命令形よりも「芝生に入らないでください」と表現するほうが近い、と言えます。

会話文では、命令形の前に do を付けて Do shut up! などと言うと、より強い命令口調になりますが、Do have another cup of tea. のように、勧誘や提案を意味する命令形に do を付けた場合は、一種のていねい表現にもなりえます（ただしイントネーション次第では押しつけがましいと受け取られる場合もあるので、注意が必要です）。

なお、最近の若いネイティブスピーカーのあいだでは「do + 命令形」を古くさい表現と感じる人がほとんどのようです。ただし、先日 BBC World の（比較的）若いアナウンサーが、

> Thank you for watching. *Do stay with us* for fast:track, coming up after the weather forecast.
> ニュースは以上です。このままチャンネルを替えずに、天気予報に続いて『fast:track』［BBCの旅行番組］もぜひご覧ください。

と言っていたので、一般にはまだ「do +命令形」も使われているとみてよいでしょう。

▶相手に有益な情報を伝えるときも命令形

このほか英語では、相手の利益になることを「こうしたほうがいいですよ」と柔らかく指示する場合にも、命令形がよく使われます。

これは「悪いことは言わないから〜しなさい」と相手に指示するもので、「〜しませんか」という誘いかけとほぼ同等です。

先ほど挙げたBBCのDo stay with us以下のアナウンスも、形は命令形ですが、「チャンネルを替えずにつづけて旅行番組『fast:track』をご覧になりませんか、見て損はしませんよ」という誘いかけのメッセージでもあるのです。

英語では広告にも命令形がよく使われます。一見「買え」という命令かと思いがちですが、実際は「この製品を買えば、あなたのためになりますよ」と誘いかける意味合いが強いのです。

たとえば旅行代理店なら、南国のデラックスリゾートへのツアーを呼びかける次のような広告を出すかもしれません。

> Fly to paradise. Relax in your own deluxe villa. Breathe the fragrant tropical air. Book with Traveltours International.

この命令形が実はどれも「〜しましょう」「〜しませんか」の意味だとわかれば、少しも違和感はないはずです。でも、これを命令形で日本語に訳したら、きっと「失礼だ」と苦情が殺到するでしょう（「パラダイスへ飛べ。デラックスなコテージでくつろげ。熱帯の空気を吸え。トラベルツアーインターナショナルで予約しろ」。これでは、なんだか機械翻訳みたいですね）。

　注意を促す場合にも、英語ではよく命令形が使われます。いくつか例を見てみましょう。

Mind the gap.
電車とプラットフォームのあいだにすき間があるので注意、という簡潔な警告。ロンドン交通局が実際に掲示している。

Stand clear of the closing doors.
閉まる扉に注意［してください］。

Do not lean out of the window.
窓から身を乗り出さないこと［乗り出さないでください］。

Watch out for pickpockets.
スリに注意［してください］。

　ここでは、言われていることに従うほうが自分のためになることは明らかですから、この命令形は命令というよりも、注意あるいは警告と考えるべきでしょう。

　余談ですが、上に挙げた Mind the gap. などは簡潔すぎて、はじめて目にする人にはピンとこないので、はたして注意を促すために役立っているのかどうか心配な面もあります。

第1章：英語のていねい表現についての誤解

　こうした命令形の使い方は、日常的なやりとりのなかでもよく見受けられます。
　たとえば、私は同僚から英語論文のチェックを頼まれることがよくありますが、「いいですよ、メールで送ってください」と答えるときには、

Sure. Send it to me by email.

などと言います。命令形ですが、命令しているわけではありません。論文を私に送る、という行為をすることによって、相手が利益を得るからです（逆に相手に利益がなくて、私だけがそれを得る場合は、まさに命令になりますが）。
　同様に、郵便局はどこかと尋ねてきた相手に「次の角を右です」と教える場合などは、

Turn right at the next corner.

と命令形で言うのが普通です（ちなみに turn のあとに to the を入れても間違いではありませんが、不必要です）。
　文書をスキャナーで読み込む方法を教えてほしい、と頼んできた相手に、

Switch the printer on and select the scan mode.

と命令形で言うのも、失礼にはあたりません。相手の利益になることを教えてあげているからです。また、

・Do your best!

・Have a great time in Italy.

のように、相手を励ましたり、心遣いを示したりするときなどにも、命令形が使えます。さらには、

・Go (and) see the doctor.
・Take a day off and enjoy yourself for a change.

のように、人にアドバイスするときにも使える場合があります。ただし、アドバイスする場合はよりていねいな言い方もあるので、そちらを使ったほうが無難かもしれません。

　命令形によるアドバイスは、口調さえ間違えなければ気さくでよいのですが、あまり親しくない相手には馴れ馴れしい感じを与えてしまうおそれもあります。

　以上を総括すると、**命令形で話された行為が「聞き手の利益」につながる場合は、命令とは受け取られない**、ということになります。

　これは書きことばでも同じです。大学入試などでよく使われる、

・Fill out the application form and send it to the following address.
・Do not open the test book until you are instructed to do so.

などがその好例です。これらは形としては命令文ですし、確かに命令と解釈できなくもありません。しかし、書き手がこうした指示を出す権限を持っていることは明らかですし、読み手がその指示に従えば、書き手にではなく、読み手自身に利益をもたらすことになります（逆に指示に背けば、言うまでもなく、合格は期待できないでしょう）。

つまり、この指示は命令というよりも、むしろ親切なアドバイスなのです。

▶命令形を使ったていねい表現の分類

ここまでの内容を整理しておきましょう。英語では、たとえ形は命令形であっても、実質的には日本語のていねい表現に相当する場合が少なくありません。これを状況ごとに分類してみると、以下のようになります。

（なお、英文では形に表われないていねい表現を、併記した和文には明示しましたので、あわせて参考にしてください。該当箇所は太字で示しています。）

1. 話し手が明らかに相手に命令や指示を出すべき筋の人（権限を持っている人）である場合：

Open your books at page 36.
本の 36 ページを**開いてください**。

Have your bags ready for inspection by security staff.
係員がチェックしますので手荷物を**ご用意ください**。

Remove your shoes and place them in the bag provided.
靴を**脱いで**袋に**入れてください**。

Leave by the rear exit.
うしろの出口から**出てください**。

2. 注意・警告を発する場合：

Watch out!
気をつけて！

Don't go near the dog.
犬に近づかないで [ください]。

Be on the alert for unattended bags.
荷物から目を離さないようご注意 [ください]。

3. 相手に何か持ちかけたり、誘いかけたり、よかったら〜してもいいですよ、などと言ったりする場合（すなわち選択肢を提示する場合）：

Drop by whenever you're in the neighborhood.
近くに来たら、いつでも寄ってください。

Come in and make yourself at home.
中に入ってくつろいでください。

Help yourself to some soup.
スープをご自由によそってお召し上がりください。

Use my car – it's right outside.
僕の車を使えばいいよ。すぐ外に止めてあるやつだ。

Push the green button for gentle background music or the red

button to watch TV.
BGM をかけるには緑のボタンを、テレビを見るには赤いボタンを**押してください**。

Change here to the Yamanote Line.
山手線にはこちらで**お乗り換えください**。

4. 方法や手順を説明する場合：

Cross the railroad and take the first turning to the left.
線路を**わたって**、最初の角を左に**曲がってください**。

Plug the USB cable in and follow the instructions on the screen.
USB ケーブルを**差し込んで**、画面の指示に**従ってください**。

5. 聞き手の利益になる（と推定される）ことを指示または推奨する場合：

Phone now to order while stocks last.
品切れになる前に、今すぐ**お電話でご注文ください**。

Give me your phone number, and I'll call you as soon as I have any information.
あなたの電話番号を**教えてください**。何か情報が入り次第、すぐ**お電話しますから**。

Take this to the service counter, and they'll stamp it for you.
これを受付に**持って行ってください**。スタンプを押してくれますから。

6. 相手を励ましたり心遣いを示したりする場合：

Don't worry: everything will be fine.
心配しないで。きっとうまくいくよ。

Enjoy yourself at the party.
パーティを楽しんでください。

7. 気心の知れた相手にアドバイスする場合（それ以外の相手には不適切）：

Just tell him you're not interested in him anymore.
もうあんたなんかに興味ないって彼に言ってやればいいのよ。

Try the new Chinese restaurant in the mall – I'm sure you'll love it.
今度ショッピングモールに入った中華料理店に行ってみたら？ きっと気に入ると思うよ。

そのほかのカテゴリーに入る言い方も探せばあると思いますが、このぐらいにしておきましょう。

▶ Please を付ければていねいになる、という誤解

前出の例文にそれぞれ please を付け加えてみるとどうなるでしょうか。普通は、よりていねいな表現になると思いがちですが、驚いたことにかえってていねいさが失われる場合もあるのです！

please を付けることで、よりていねいになる場合と、そうでなくなる場合を見分けるカギは、「相手にその行為を強く求めるのが適切かどうか」を考えることです。答えがイエスなら、please を付けるとていねいになり、そうでない場合は please は逆効果になります。
　話し手が指示や命令、警告などを出す権限を明らかに持っている場合は、「指示や命令に従ってほしい」と強く要求しても何ら不適切ではありません。したがって、please を使えばよりていねいな言い方になります。
　実際、指示・命令・警告の前に please を付けるのは、話しことばではごく一般的ですし、張り紙などでも、

Please switch the lights off when you leave the room.

という言い方がよく見られます。
　ついでながら、「電気を消してから退室してください」を Please leave the room after switching off the lights. という英語で表現しているケースをよく見かけます。しかし、これでは「電気の消し忘れ」を防ぐことよりも「退室してもらうこと」に重点があるように受け取られてしまいます。
　なお、緊急性が高い指示の場合は、please を省略します。今にも崖から足を踏み外しそうな人に「危ない！」と呼びかけるときは、Please watch out. ではなく Watch out! と言いますね。それと同じです。
　また、オックスフォードやケンブリッジの庭の、

Keep off the grass.

という立て札には、私の知る限りpleaseと書かれているものはありません(ロンドン交通局のMind the gap.も同様です)。それでも、苦情を言う人は誰もいません。

もしいるとしたら、英語の命令形を頭のなかで日本語のそれに置き換えて、「英語ってすごく粗暴なことばだな」と感じる日本人旅行客ぐらいのものではないでしょうか。

しかし、命令・指示・警告とは違う目的の命令形にpleaseを使う場合は、注意が必要です。なぜなら、pleaseは命令・指示・警告の一部として用いられることがあまりに多いので、おもむろにPlease～で話を切り出すと、相手はそれにつづく文が(実際は命令でなくとも)命令だと身構えてしまう場合があるからです。

pleaseを使っても表現がていねいになるかどうか微妙なケースの1つに、誘いかけがあります。たとえば、

Drop by whenever you're in the neighborhood.

という場合は、前にpleaseを置けば「来てほしい」という招待の意を強く表わすことができ、よりていねいな言い方になります。

では、

Please take a seat.

はどうでしょうか。座ってほしいという意図を強く伝える効果がある点は上の例と同じですが、いつか先の話ではなく、今すぐ行動をとるよう促すわけですから、相手はこれをプレッシャーと感じるかもしれません。座りなさい、と命令されているようにも受け取れます。

事実、就活で面接官がPlease take a seat.と言う場合は、命令

しているようなものです。招待客の場合も、Please take a seat. と言われると窮屈に感じる可能性があります。ちょっと部屋を歩きまわって、飾ってある写真やカーテンなどを眺めてみたい、と思っているかもしれないからです。お客様にくつろいでもらいたい、というおもてなしの気持ちが、これでは逆効果になってしまいます。

Please use my car.

という言い方も同様で、「ぜひ使ってください」と迫られると相手はなにか断りにくい雰囲気を感じてしまうかもしれないのです。

すでに例に挙げた *Please* change here to the Yamanote Line. というアナウンスもこれと同じで、please が入ると、乗り換える必要がない乗客にまで「ぜひ乗り換えてください」と勧める余計なお世話になってしまいます。

▶ Please を I want you to 〜と言い換えてみる

Please を使うのが適切かどうかを見分ける簡単な方法があります（あくまで１つの目安ですが）。Please を I want you to に置き換えてみるのです。それで違和感がなければ、おそらく please を使っても差し支えないでしょう。

たとえば、

I want you to open your books at page 36.

という言い方は OK ですから、

Please open your books at page 36.

としても問題ないでしょう。

　一方、*I want you to* change here for the Yamanote Line. は、全乗客に乗り換えを促すアナウンスになってしまいますから不適切で、please もおかしいということになります。

　勧誘や働きかけでは、たとえば *I want you to* take a seat. や *I want you to* use my car. と言った場合に相手がどう受け取るかを考えれば、please を使うべきかどうかの目安になると思います。

　手順や道順などを説明する場合、命令形の前に please を付けると、かえって奇妙な感じがします。please の代わりに I want you to を付けてみると、たとえば「次の角をぜひ右に曲がってほしい」といった言い方になるので変ですし、相手は「何か下心でもあるんだろうか？　ひょっとしたら、右に曲がった先で誰か待ち伏せしているのかも？」などといぶかるでしょう。

　励ましや心遣いの場合も、やはり please を付けるのは不自然です。自分の子供を励まして Do your best. と言う場合や、休暇に出かける友人が楽しく過ごすことを願って Have a good time in Italy. と言う場合には、please は付けません。相手に頑張ってほしい、楽しんでほしい、という気持ちはこれだけで十分出ているからです。please を使うと、むしろ自分自身の願望のほうが強く前面に出てきます。たとえば重要な試験を前にした子供に *Please* do your best. と言うと、「期待を裏切るんじゃないぞ。合格しなかったらタダじゃ済まないからな」とほのめかす言い方になってしまうのです！

　同様に、話し手の利益になるような行動を相手に指示ないし勧める場合も、please を付けると利己心が表に出てしまい、かえって逆効果になるおそれがあります。

たとえば、先ほど挙げた旅行代理店の広告文、

Book with Traveltours International.

がそうです。これは「当社を通じて予約されればお客様の得るメリットは大きいですよ」という情報提示の意味合いを持つ命令形で、広告にはよく使われますが、これを、

Please book with Traveltours International.

とすると、旅行代理店が利益を稼ぐため必死に懇願している、という印象になってしまうのです。
　ちなみにこれを、

We want you to book with Traveltours International.

と置き換えてみれば、ポイントがはっきりします。この文章は確かに「旅行代理店が利益を追求している」という事実を正直に述べているのですが、だからといって顧客が納得してお金を払うとは思えません。
　逆に、先ほどのBBCの、

Stay with us for fast:track.

というアナウンスのように、話し手自身の利害が絡んでいないことが明らかな場合は、pleaseを付けても何ら問題はありません。

▶ポイントは相手が命令を理不尽と受け取るかどうか

明らかに命令を出すべき筋合いの人が出す命令と、そうでない人が出す命令とでは、受け取られ方に大きな差があります。

また、話し手が確かに命令する権限を持っているかどうかの判断は、状況や文化によっても変わってきます。

たとえばアメリカでは、レストランで客が、

Give me a hamburger and fries.

などと注文するのは普通の光景で、これにウェイターが逆上してなぐりかかった、という話はあまり聞きません。

しかし、イギリス生まれのウェイターならこの言い方にはむっとなるはずです(ただし客がアメリカ人なら例外視するでしょう。ハリウッド映画でアメリカ人の流儀は見知っているからです)。

ここで、アメリカ人は命令形を多用する、などと結論づけるつもりは毛頭ありません。ただ、アメリカとイギリスでは、客とウェイターの関係についての意識に明らかな違いがあり、それが言語に表われている、と言いたいのです。

しかし、お金を借りるとなると話は別で、アメリカ、イギリス、その他世界中どの文化圏でも、「金を貸せ」と命令されればみな一様に眉をひそめるでしょう。そんな命令を出す権限は誰にもないからです。したがって、Lend me 10,000 yen. のような言い方はぜったいに禁物です(なぐられたいなら別ですが)。これにいくらpleaseを付けても、状況は好転しません。

その点、日本の高校の教科書に書かれている内容は間違いだらけです。実際、please +命令形のとんでもない例文や、その間違った日本語訳が載っている教科書を何冊も目にしました。

ぜひ覚えておいてほしいのですが、**頭ごなしの理不尽な命令にいくら please を付け足しても、決してていねいなお願いに早変わりするわけではない**のです。

Lend me 10,000 yen. に please を付ければていねいになる、と考えるのは、Go to hell. に please を付ければていねいになる、と思うのと同じくらい非常識です。

1万円貸してくれればあなたにも損はありませんよ、と持ちかける場合なら、

Lend me 10,000 yen, and I'll pay you back 100,000 yen tomorrow.

などと命令形を使って言うのも OK ですが、今回学生諸君に英語にしてもらった例文はそうした見返りを想定していないので、ここではあてはまりません。

■ 2. Will / Would / Can / Could you lend me 10,000 yen, please? は OK?

次に、「1万円ぐらい貸していただけませんか」の別の訳を見てみましょう。Will/Would/Can/Could を使った Will/Would/Can/Could you lend me 10,000 yen, please? です。実は、これもまだ正解とは言えません。

この訳がなぜ適切ではないかを理解していただくため、まず前半と後半を入れ替えてみましょう。すると、Lend me 10,000 yen, という命令形に付加疑問文（will you?, would you?, can you?, could you?）を付け加えた形になります。意味合い的にはもとの

文章と同等です(主文が肯定形だから付加疑問文は否定形にすべきでは、との指摘もあるかもしれませんが、その点はあとで説明します)。

さて、付加疑問文を使うのが適切かどうかは、実は主文の命令形が果たす機能によって決まります。

付加疑問文というのは、ご存じのように主に会話で使われるもので、相手にあいづちを求めて話の流れにリズムを付ける効果がありますが、改まった書きことばではあまり使われません。

また、手順ややり方を説明する命令形にも付加疑問文は用いません。たとえば故障したハードディスクからデータを回収する方法を説明しているときに、変にあいづちを求めて話が脱線してしまっては困るでしょう。

つまり、主文が命令・指示・警告を目的とした命令形である場合以外は、付加疑問文を使うのは不適切な場合が多い、という点をまず頭に入れておきましょう。

命令を口頭で言う場合には、付加疑問文を加えることで気さくな感じを出すことができ、結果として強引さが和らいで(多少)ていねいに聞こえます。ただしこうした付加疑問文も、命令がそもそも高圧的あるいは不適切だったり(Shut up, will you? など)、いら立った調子で言ったりしては、あまり効果がありません。

日本で英語を習った人は、肯定文には否定形の付加疑問文(*It's* a nice day, *isn't* it?)、否定文には肯定形の付加疑問文(She *doesn't* play the piano, *does* she?)がつづく、と思っているようですが、実際には肯定文に肯定形の付加疑問文が付くこともよくあります(否定文に否定形の付加疑問文を付けるのは間違いですが)。

・Take this to the office for me, will you?
・Help me with this, will you?

これなどは、親しい人や部下に対して使ってもおそらく問題はないはずです。とはいえ、これがていねいな言い方かといえば、それにはほど遠いと言わざるをえません。ですから、目上の人やよく知らない相手にこういう言い方をするのは失礼です。

▶付加疑問文を倒置すると見えてくるもの

　肯定形の主文＋肯定形の付加疑問文の場合、付加疑問文を文頭に持ってくると、

Will you take this to the office for me?

などとなります。付加疑問文のほうがよりカジュアルで気さくな感じですが、基本的にはどちらも同じく「……してくれ」という指示です。とすれば、Will you ...? を「……していただけませんか」の訳にあてるのは、それこそちょっと「いただけません」。ていねいさのレベルが和文よりかなり低いからです。
　これに please を付けたとしても、ていねいさが増す効果は微々たるもので、基本的に命令・指示であることに変わりはありません。
　Will you という形（文頭に置く場合と付加疑問文にする場合を含めて）が適切かどうかを判断する際にも、話し手が明らかに命令・指示を出す権限を持っているかどうかがカギとなります。
　たとえば、先生が教室で学生に、

Open your books at page 36, will you?

と言うのは何の問題もありませんが、学生が先生に推薦状を書いて

ほしいと頼む場合に、

Will you write a reference for me?

と言うのは礼を失しています。そして、後者のように命令形を使うこと自体が不適切な場合は、これにいくら please を付けても事態は好転しません。

それどころか、この **please ＋命令形はかなりごう慢な響きになる**のです。私だったら、Please lend me 10,000 yen. とか Please give me some tea. と学生に言われるくらいなら、むしろ Lend me 10,000 yen, will you? や Give me some tea, will you? と言われるほうがまだしも不快感は少ないと思います。

▶付加疑問文をていねいにするには

付加疑問文に will you? ではなく would you?, can you?, could you? などを使えば、ていねいさのレベルはぐっと上昇します。

何が違うかというと、**will you? は命令であるのに対し、あとの3つは依頼になる**からです。

通常の疑問文で、Would you…?, Can you…?, Could you…? がいずれも Will you…? よりていねいな言い方になるのはご存じですね？

（ついでながら、Can you…?, Could you…? のほうが Would you..? よりもはるかに一般的です。）

Would you…? と Could you…? は、条件法を使って話し手のためらいを示す言い方なので、Can you…? よりさらにていねいと言えますが、実際上の違いはそれほど大きくありません。したがっ

て、Would/Can/Could you..., please? というパターンは軽い依頼にはふさわしい言い方ですが、日本語の「していただけませんか」のていねいさにはとうてい及びませんし、相手にぜひ何かをしてもらいたい、という切迫した感じも出ません。

したがって、Would/Can/Could you..., please? を使った学生も正解とは言えません。しかし少なくとも、please + 命令形やWill you...? を使った学生よりはいい線をいっています。

Will you...? を使うのはぜったい避けるべきだ、という印象を与えてしまったかもしれませんが、そこまで言うつもりはありません。誘いかけの場合、

・Will you have another cup of tea?
・Will you stay for dinner?

などはていねいな言い方といえます。

しかし、誘いかけでは Would you like (to) ...? などがより多く用いられるのに対し、Will you...? はやや古風だと思うネイティブスピーカーも多いようです。Won't you...? も同じくやや古風に響くほか、より強く迫る感じなのでていねいさの度合いが低くなります（誘いかけの場合の will の用法については、『ここがおかしい日本人の英文法』[p. 17] に詳しく述べていますので、ご参照ください）。

ちなみに、肯定形の命令に否定形の付加疑問文を付け加えることもできますが、そうすると横柄で感情的な意味合いになってしまいます。

Help me with this, can't you?

と言えば、「君はなぜボーッとして僕を助けようとしないんだ」といら立っているように聞こえますし、あせりや愚痴っぽさも感じられます。

Can't you help me with this?

というのも同じような印象を与えます。
　例題を英語にしてくれた学生諸君のなかには、日本語の原文が「貸していただけませんか」という否定形なので英語もそうしようと思ったのか、

Won't/Can't you lend me 10,000 yen?

とした人が１〜２名いましたが、この言い方が原文のていねいさとかけ離れていることは、今説明した通りです。
　実は、否定形でも依頼の際によく使われるものが１つあります。

You couldn't lend me 10,000 yen, could you?

というパターンがそれです。こう答えた学生の数はゼロでしたが、それはおそらく学校で習っていないからでしょう。しかし実際にはカジュアルな場面でよく耳にしますし、何か頼み事をするときにはとても便利な言い方です。
　まず、You couldn't ... で「こんなお願いはとうていかなえてもらえないとは思うけど」とへりくだっておいて、そのあとに could you? という付加疑問文でやんわりと頼むのです。
　ただし、日本語の原文に比べるとだいぶ馴れ馴れしい感じではあります。

これをさらに改まったていねいな言い方にしたのが、

I don't suppose you could lend me 10,000 yen, could you?

です。これなら例文の訳としてかなり当を得ています。

■ 3. I would like you to lend me 10,000 yen. ではなぜいけないのか

次に取り上げたい解答例が、上に示した言い方です。学生がこういう言い方で頼み事をするのをこれまで何度も見聞きしているので、今回もこういう解答があるだろうと予想はしていました。

しかし、どうしてこれがていねいな頼み方として学校で教えられているのか、私には不思議でなりません。**英語としては不適切きわまりない言い方**だからです。

確かに、would like は want に比べればていねいな言い方になりますが、それでももとの文章が持つ厚かましいトーンは解消されません。

おそらく、日本語の「してほしい」を多少ていねいな形に変えただけで機械的に訳してしまっている点が問題なのだと思います。

日本語で「していただきたい」と言えば、形の上ではていねいな依頼ですが、相手に何かしてほしいという切実さには欠け、なんだかいんぎんで突き放した感じすらしますね。この英語も、まさにそうしたやや高圧的な印象を与えるのです。

英語では、I want/would like you to ... を使うのは指示を出すときで、頼み事をするときには使いません。たとえば歯科医が患者に、

I'd like you to bite down on this as hard as you can.
これを思い切り強く嚙んでください。

などと指示する場合には使えますが、「していただけませんか」という依頼にはまったく不適切な言い方なのです。
　ただし、Would you like to ...? と疑問文にした場合は、Can you ...? と同様のていねいな依頼になります。
　余談ですが、ずいぶん前に妻（日本人）に駅から電話して、

Would you like to pick me up?

と言ったことがあります。普通なら駅から自宅まで15分歩いて帰るのですが、その晩はあいにく土砂降りで風も強く、傘もあまり役に立たなかったのです。
　妻の返事は、

No, I wouldn't *like to*, but I will!

でした。たぶん私が「迎えに来たいですか」と言ったように聞こえて、ちょっとおかんむりになったのでしょう。
　しかし、英語的な感覚では、親しい間柄であれば、

Would you like to pick me up?

というのはごく自然な頼み方なのです。言語文化のすれ違いを垣間見た一幕でした。
　ちなみに、

Would you like to lend me 10,000 yen?

というのは

I would like you to lend me 10,000 yen.

に比べればまだましですが、「1万円ぐらい貸していただけませんか」という言い方に比べると、ていねいさの度合いがまるで低いので、英訳としては正しくないと言わざるをえません。

■ 4. Would you mind lending me 10,000 yen? でもまだ**不十分**

Would you mind ...? は、ていねいに何かを依頼する場合にもっともよく使われる言い方の1つです。学生諸君が挙げた解答のなかでは、これがいちばんいい表現でした。

ただし、これでも「可能な限りていねいな英語」という条件は満たしていません。

おそらく Would you mind ...? という言いまわしについてはみなさんもよくご存じかと思いますが、2つほど注意していただきたいと思います。

まず、この言い方は依頼する場合のほかに、許可を求める場合にも使える、という点です。

・Would you mind posting this letter for me on your way to the station?（依頼）
・Would you mind if I wore my pink jacket to the party?（許可の要請）

依頼の場合、mind の主語（この例では you）は、行動をとるよう求められている人物と同じです。これに対し、許可を求める場合は、対象となる行動をとる人は mind の主語とは別の人です（上記の例では、ピンクのジャケットを着たいと思っているのは「私」で、それを mind するかどうか尋ねられているのは「あなた」です）。

　つまり、許可を求める言い方にするには、mind のあとにくる動詞の主語が mind の主語と異なることを示す必要があるのです。それにはどうしたらよいでしょうか。

　日本の学生はこうした場合、Would you mind *my wearing* my pink jacket? と所有格＋動名詞の形を好んで使うようですが（文法的には間違いではありません）、一般には Would you mind if...? のほうがより普通に使われます。もし私が Would you mind のあとに所有格＋動名詞をつづけたら、私の子供たちは「古くさっ」という顔をするでしょう。でも、Would you mind *me wearing*...? と言ったなら、文法的にはやや正道からはずれた言い方なのに、別に変だとは思われません。実際、英語のネイティブスピーカーは話しことばでも書きことばでもこの言いまわしをよく使うのです。しかし、あくまで変則的な言い方ですから、みなさんにはお勧めしません。

　依頼するときの言い方として、*Do* you mind...? も耳にするかと思いますが、読者のみなさんは *Would* you mind...? で通すほうがよいと思います。Would のほうがよりていねいなだけでなく、意図がより正確に伝わるからです。

　たとえば、

Would you mind sitting here?

と言えば明らかに依頼ですが、

Do you mind sitting here?

と言った場合は、座っている相手に「こんなところで座り心地が悪くないですか」と質問している可能性もあるのです。

もちろん、依頼かそうでないかはたいていの場合コンテキストから明らかですが、多少とも相手を迷わすおそれがある以上、Do you mind...? を依頼に用いるのは避けたほうがよいでしょう。

なお、許可を求める場合は Would you mind...? と Do you mind...? のどちらもよく使われますが、あとの動詞の時制が異なるので注意してください。

前者は、

Would you mind if I *wore* my pink jacket to the party?

となるのに対し、後者は、

Do you mind if I *wear* my pink jacket to the party?

となります。

■ 5. 結 論

私が学生諸君に出した例題が、もし本当に国際的な英語力テストの一部だったとしたら、残念ながらどの学生もこの設問の得点は零点でしょう。「可能な限りていねいな英語で」という要求通りの答えを出した人は1人もいなかったからです。

しいて採点基準を甘くするなら、Would you mind lending me

10,000 yen? に数点、Would/Can/Could you lend me 10,000 yen, please? に残念賞として 1, 2 点あげてもよいかもしれません。

それでも Will you lend me 10,000 yen, please? はやはり零点ですし、Please lend me 10,000 yen. と I would like you to lend me 10,000 yen. などは零点どころか、本来ならマイナス点を付けたいくらいのところです。

▶ Could you . . . ? ＋ possibly で見違えるほどていねいな言い方に

英語で非常にていねいな依頼を言うのは、実はそれほどむずかしくありません。まわりくどい言い方もいろいろありますが、かなりシンプルに、しかもていねいさを大きく際立たせる言い方があります。Could you...? に possibly を挿入すればよいのです。たとえば、

・Could you *possibly* let me know when you're going to arrive, please?（please は省略可）
・Could you *possibly* come and see me sometime next week?

という具合です。ひとこと possibly と入れるだけで、please とは比べものにならないくらいていねいな文になります。

Can you...? で始まる依頼にも possibly を使うことができますが、Will/Would you...? には使えません（Will you...? がそもそも依頼に使えないことは、すでに説明した通りです）。

なお、Would you mind...? に possibly を使うのは、ぜったいだめとは言いませんが、奇異に聞こえるのでやめておくほうが賢明です。

ただし、「恐縮ですが」の項で説明した2つの言い方にはpossiblyが使えますし、ていねいさも大幅に増します。

- I would be very grateful if you could *possibly* lend me 10,000 yen.
- I would greatly appreciate it if you could *possibly* lend me 10,000 yen.

ただし、ここでも、couldをwouldに変えた場合はpossiblyは使えません(この例文でpossiblyを使わない場合は、couldをwouldに変えても何ら問題はありません)。

▶ていねいな頼み方の仕上げはI wonder if〜

頼みごとを限りなくていねいに言う方法として、もう1つ効果的なものがあります。それは、文をI wonder ifまたはその派生形で始めることです。例文を挙げておきましょう。

- *I wonder if* you could possibly check this for me.
- *I'm wondering if* I could possibly take next Monday off.
- *I wondered if* I could possibly borrow your car for the weekend.
- *I was wondering if* you would mind if my daughter came to the party as well.

過去形を使った文はためらいの感じが強いので、ていねいさもやや増しますが、これらはどれも非常にていねいなので、過去形を使

わなくてもそれほど大きな差はありません。

現在形で始める場合はあとを can にしても構いませんが（*I wonder if* you can possibly check this for me）、過去形で始めた場合は必ず could にする必要があります。can より could のほうがていねいであることは言うまでもありません。

日本人でも英語を上手に話す人（主に外国で学んだり長年勤務してきたりした人）はこのパターンを普通に使いこなしていますが、日本人で平均的な英語力の人がこの言い方をするのはほとんど聞いたことがありません。

つまり、こうした言い方は学校では教えられていないと推察されます。これは非常に理解に苦しみます。ていねいにいう言い方を教えるのは決してむずかしくありませんし、どんな外国語でもていねいに何かを頼む言い方を覚えるのは大切で、基本中の基本ではないでしょうか？

▶正解とまとめ

I'm terribly sorry (to trouble you), but I wonder if you could possibly lend me 10,000 yen: I've left my wallet at home.

英語でどのレベルのていねい表現を使うのが適切かは、コンテキストや話し手の意図、相手が抱く期待、話し手と聞き手の関係などに依存します。その点は日本語でも同じでしょう。

ただし、似たようなていねい表現を使っても、相手の受け止め方は一様ではありません。先に、アメリカでウェイターに注文する言い方が、イギリスでは不適切になる、という話をしましたが、同じことは日本でも見られます。

私がはじめて日本に来たとき、立派な身なりをした日本人が飲み屋で口々に「ビール」とつっけんどんに注文し、頼んだものが来ても「ありがとう」さえ言わないのを見てびっくりしました。
　もちろん、イギリスでビールを注文するときに、

I was wondering if you could possibly give me a glass of beer.

などと言ったりはしません（過度のていねい表現は相手を小ばかにしたように聞こえかねません。日本語でも相手と距離を置こうとするときにわざとていねい表現を使うことがありますが、それと似ています）。しかし、少なくとも注文するときには please を付け加え（Beer, please. などで十分です）、注文したものが来たら Thanks. と言うのが普通です。
　日本とイギリスで注文のていねいさが違うのは、お客とウェイターの関係についての見方が違うからです。日本のお客は決して礼を失しているつもりはなく、単に社会習慣として飲み屋ではあまりていねい表現を使わないのです。
　逆に、日本の飲み屋の店員はお客にていねいなことば遣いをするのが当然とされています。ですから、彼らはイギリスやアメリカのウェイターよりはるかにことばがていねいです。それに慣れている日本人が英語圏へ行くと、ウェイターのことば遣いがぞんざいだと感じるでしょう。
　でも実際は、そうしたウェイターは自国の文化に照らせば当然の振る舞いをしているだけかもしれないのです（単に横柄なだけのウェイターももちろんいますが！）。
　どの外国語でもそうですが、本章冒頭の例文のように相手に何か頼もうとする場合は、適切なていねいさのレベルを考えて話さないと、なかなか思うような返事は得られません。

参考までに、頼むときの各種の言い方を、ていねいさのレベルが低いほうから順にリストアップしました。

なお、最初の5つのパターンは、実は依頼表現には該当しません（このなかで日本人がよく間違って使うのは2, 3, 4番目です）。

並び順は私個人の感覚で決めていますので、ほかの英語のネイティブスピーカーに見せれば多少順序を変える部分もあるかもしれませんが、およその目安はこれで十分つかめるでしょう。

Lend me 10,000 yen.	金を貸せ、というダイレクトな命令。こんな命令を出す権限は誰にもなく、失礼きわまりないので、頼みごとをする言い方としてはまったく不適切。ちなみに英語では、明らかに命令や指示を出すべき筋合いの人が、命令形を使って命令・指示するのは、失礼にはあたらない（ただしリクエストではなく、あくまで命令・指示となる）。また、すでに本章で示したように、命令形であっても意味上はていねいな言い方にあたる場合も多い。
Please lend me 10,000 yen.	上の例文ほどではないが、ていねいさに欠け、頼みごとをするにはふさわしくない。
I want/I would like you to lend me 10,000 yen.	指示を出すような言い方で、何かをお願いする感じではない。頼みごとをするには不適切。

Will you lend me 10,000 yen, please?	依頼というより要求を突きつけている感じ。頼みごとをする場合には不適切。
Lend me 10,000 yen, will you?	この言い方も依頼というよりは要求に近い。家族や親しい友人には使ってもよいが、それ以外の相手に対しては不適切。
Lend me 10,000 yen, can you?/could you?/would you?	上の例文よりはいいが、やはり家族や親友にしか使えない。
Would you like to lend me 10,000 yen?	家族や親友には使えるが、ほかの相手に対しては不適切。
Can you/Could you/Would you lend me 10,000 yen(, please)?	依頼するときの基本的な言い方。相手をよく知っていて、たぶん頼みを聞いてくれるだろうという場合に使う。
You couldn't (possibly) lend me 10,000 yen, could you?	上の例文より口語的で、よく知っている相手に頼みごとをするときにはおそらく効果的。よく知らない相手に対しては不適切。possibly を付け加えると、よりていねいになる。
Would you mind lending me 10,000 yen?	ある程度ていねいだが、大きな頼みごとをするときにはふさわしくない（相手にとっては1万円を貸すのが大きな負担の場合もある）。友人や家族に対しては十分ていねいな言い方になる。

Could you possibly lend me 10,000 yen(, please)?	ていねいな依頼。ただし、大きな頼みごとの場合は、これでもまだていねいさが足りないと見る人もいる。
I don't suppose you could possibly lend me 10,000 yen, could you?	You couldn't ..., could you? をよりていねいにした言い方。ほとんどの場合、適切な言い方として受け入れてもらえる。
I'd be very grateful if you could/would lend me 10,000 yen. / I'd greatly appreciate it if you could/would lend me 10,000 yen.	ていねいな依頼の仕方で、誰に使っても適切。
I'd be very grateful if you could possibly lend me 10,000 yen. / I'd greatly appreciate it if you could possibly lend me 10,000 yen.	きわめてていねいな言い方。possibly を加えることで、上記のどの言い方よりもはるかにていねいさが増す。ただし、親友や家族に使うとよそよそしすぎて「上から目線」だと思われ、かえって反発を招くことも。
I wonder/I'm wondering if you could possibly lend me/ if you would mind lending me 10,000 yen.	きわめてていねいな依頼の仕方。親友や家族にはていねい過ぎる。
I wondered/I was wondering if you could possibly lend me/ if you would mind lending me 10,000 yen.	上のパターンとほぼ同等。

第2章

会話での未来形：
will と be going to が見せる別の顔

□ 例題：次の文章を英語で表現しなさい。

「2時間後にニックに会うことになっています」
↓
［典型的な解答例］
I will meet Nick two hours later. [??]

▶相手に予定を伝える能力は日常会話で必須

ご存じの通り、日本では20年以上も前から、中学・高校の英語教育政策の一環としてオーラル・コミュニケーション（リスニングやスピーキング）が重視されるようになりました。その一方で、リーディング、ライティング、文法の比重が減ってきています。この方針の是非をここで論じるつもりはありませんが、問題にしたいのは、これが実際に成功しているかどうか、という点です。

この問題を判断するには「中学以上の学卒者が、日常的な場面で言いたいことをどれだけ自然な英語で表現できるか」をみればよい

と思われます。文部科学省の高等学校学習指導要領にも書かれている通り、「情報や考えなどを、場面や目的に応じて適切に伝える」ことができるかどうかが、その尺度となります。

　日常生活を支障なく送れるレベルの会話力を身につけるには、いくつか基本的なスキルを押さえておく必要があります。「場面や目的に応じて」ていねいさの度合いを適切に選びながら、相手に頼みごとをする、という能力は、そうした基本的なスキルのなかでもかなり上位を占めるでしょう。第1章で「ていねいな依頼」の仕方に多くのページを割いたのは、そのためです。また、短期的な予定について話す能力も、劣らず重要です。そこで本章では、「未来の予定」に関する表現を例題に取り上げました。

　日本で正規の中学・高校教育を受けた学生が、日常生活のさまざまな場面で役立つ英会話力を実際に備えているかどうか、という問題を検証するため、私は今ある調査研究に取り組み始めたところです。第1章で紹介した小規模な調査と、本章の例題について行なった調査は、いずれもこの調査研究のパイロット版にあたります。

　本章で扱った調査の内容は、以下の通りです。まず、同僚の大学講師数人に協力を求め、1学年生に次の例文の日本語箇所を英文に訳させてみました（問題文を読めば状況設定がわかるようになっています）。制限時間は5分です。

A: Are you planning to talk to Nick about the project?
B: Yes. Actually, **2時間後に会うことになっています。** Would you like to join us?

　その結果、195人の学生から解答を集めることができました。この例題のポイントは2つあります。1つは、未来の予定について適正なパターンを使って表現できるか、そしてもう1つは、「2時間

後に」を正しく訳せるか、です。その両方をたやすくこなせない学生は、英会話能力に問題があると言わざるをえません。

▶場面に合った未来表現ができるか？

まず未来表現からみていきましょう。日常会話では、何日か先のことを話す場面がひんぱんにありますから、これを正しく表現する能力は、かなり必要性が高いといえます。また、これを「場面に応じたていねいな表現で言えること」も重要ですが、その点はすでに第1章で説明した通りです。

実際に調査結果を見てみると、予想したほどひどい答えは少なかったので多少ほっとしましたが、全般に出来はあまりよくありませんでした。

未来表現なので、will を使って I will meet him. とする人が圧倒的に多いだろう、と私は予想したのですが、その読みは外れました。確かに will を使った人はもっとも多かったのですが、「圧倒的」多数ではなかったのです。

サンプル調査した195人の解答のうち、will を使ったのは79人で、全体の40.5%でした。次に多かったのが be going to を使った人（I'm going to meet him.）で、78人（40%）。以下、現在進行形（I'm meeting him.）が29人（15%）、現在形（I meet him.）が3人、be to（I am to meet him.）が2人、will be 〜 ing（I'll be meeting him.）が1人の順でした。そのほかは、will going to というありえない言い方や過去形などを使った、明らかな誤答でした（未来表現については、拙著『ここがおかしい日本人の英文法』シリーズの第Ⅰ巻ですでに詳しく扱っていますので、そちらを参照してください）。

ただ、すでに英語のオーラル・コミュニケーションを履修しているはずの学生のうち、（予想より少ないとはいえ）40％以上がこの例題で will を使った、という事実は、やはり考えものです。

もし学生のみなさんが高校でリーディングとライティングだけを学んでいたのであれば、まだ話はわかります。英語では、改まった書きことばで will 以外の未来形を使うことは比較的まれだからです。

しかし、話しことば、インフォーマルな書きことば、電子メールその他では、未来表現として現在進行形（例：I'm *eating out with my wife this evening.*）や be going to（I'm *going to start a regular exercise program next year.*）などが、ごく普通に使われます。

ですから、もし学生のみなさんが本当にオーラル・コミュニケーションに重点を置いて英語を学んできたのなら、こうした言い方を使いこなせないのは問題だと思います。

すでに『ここがおかしい日本人の英文法』シリーズでかなり詳しく触れている通り、**会話などで少し先の個人的な予定について話すときには、現在進行形を使うのがもっともふさわしい**のです。

主に文字の読み書きを通じて英語を身につけた、という人ならば、未来を表わす現在進行形に慣れていないのも無理はないでしょう。明日何をしようか、といった軽い話題は、まじめで堅い文章ではあまりお目にかからないからです。たとえば資本主義の衰退について論じた文章などには、My mother's *leaving* for Paris tomorrow. とか I'm *having* dinner with my girlfriend this evening. といったフレーズが入る余地はまずありません。

ところが、オーラル・コミュニケーションになると、こうしたフレーズはひんぱんに出てきます。6年間も英語オーラル・コミュニケーションを学んだ学生であれば、自分や身近な人の当面の予定に

ついて英語で伝えられるのが当然だと思うのですが、それができない学生があまりに多いのは、いったいどうしたことでしょうか。数学だったら、6年間も勉強したのに分数を知らない、などということはありえないはずです。

この例題で現在進行形（I'm meeting him.）を使った15%の学生と、will be meeting him を使った0.5%の学生は、当然できるはずの解答をしたに過ぎません。それがエリートに見えてしまうようでは、やはり日本の中学・高校での英語教育のあり方に疑問を呈さずにはいられません。

▶単なる未来表現ではない will と be going to

be going to を選んだ40%の学生はまだよいとしても、will を選んだ40%の学生には「もっとがんばりましょう」と言いたいところです。**このコンテキストで** will **を使うと、ぎくしゃくした感じがしてしまうのです。**

もちろん、純粋に文法的にみれば、I will meet Nick. という文章は間違いではありません。しかし、この例題の状況設定を考えると、原文の意味合いを正しく伝える英語表現にはなっていません（文法的には正しいけれども状況設定にそぐわない、という英文の例はいくらでも挙げられます。日本語でも、そうしたちぐはぐな文章の例は探せばすぐに見つかるでしょう）。会話で will を使う場合は、「**話の流れのなかで実行しようと決めた事柄**」を示すケースが多いのです。

これに対し、be going to という言い方にも、いろいろな役割があります。その1つは、その時点で「**すでに実行しようと腹を決めている事柄**」について述べる、というものです。

will と be going to のそうした使い分けを含んだ例を、以下に挙げます。

1. [10 a.m.]
Ms. A: Have you called Hanaya to make a reservation for Friday?
Mr. B: Oh, I'm sorry – I forgot. They won't be open yet, so I'*ll* call them this afternoon.

1. [10 a.m.]
Aさん（女性）：華屋（飲食店）に金曜の予約入れておいてくれた？
B氏：あ、すみません、忘れてました。まだ開店時間になっていないので、午後に電話します。

2. [10.30 a.m.]
Ms. C: Ms. A was wondering whether you'd called Hanaya to make a reservation.
Mr. B: I know – she asked me earlier. I'*m going to call* them this afternoon.

2. [10.30 a.m.]
Cさん（女性）：Aさんがあなたのこと言ってたわよ、あの人華屋に予約の電話入れてくれたかしら、って。
B氏：うん、さっき聞かれたよ。午後に電話しようと思ってるんだ。

最初の会話は、B氏がAさんと話している途中で、午後に電話で予約を入れることを決めた、という内容になっています。これに対し、あとの会話では、B氏はすでに実行すると決めた行動につい

て話しています。上の2つの会話では、この違いに応じて will と be going to が使い分けられているのです。

なお、will と be going to の果たす役割はほかにもあるのですが、この例文のコンテキストで使えるのは上記の意味だけに限定されます。will と be going to の機能についての詳しい説明は、『ここがおかしい日本人の英文法』をご一読ください。

個人的な予定のなかには、すでに実行しようと決めているものも含まれるので、be going to と現在進行形には一部重なるところも出てきます。ですから、I *am going to meet* him. も、例題の訳としてまったく不適切とは言い切れません。

しかし be going to は、たとえば前出の華屋の例でも見た通り、相手に対して「大丈夫、問題は僕が解決するから心配ない」というメッセージを伝える役目も果たします（言い方次第では、「余計な口を出すな」という意味合いにもなります）。

ところが本章冒頭の例題では、「自分がすでにやると決めたことを実行する」という意味合いはあまり強くありません。話し手は単に、自分の予定を伝えようとしているだけです。そうした場合には、be going to よりも現在進行形のほうが、より一般的に使われるパターンなのです。

be going to を使った学生が、will とこの表現との違いを認識していたかどうかは不明です。一部には知っている人もいたでしょうが、おそらく多くの人はそんな区別があるとは知らずに、単に学校で習った通り、will の口語的な形が be going to だ、と思って解答したのではないでしょうか。だとしたら考えものです。

▶復習が必要な in と later/after の違い

「2時間後に」は、おそらく two hours later と訳す人が大半ではないかと予想していました。ところが蓋を開けてみると、この予想はまったく外れていました。

もっとも多かったのは two hours after/after two hours で、195人中95人（49%）でした。次に多かったのは、正解の in two hours で、これは44人（23%）に上りました。次いで two hours later が39人（20%）、two hours ago（これは明らかに誤答）が5人でした。

ちなみに ago を使った5人は全員が will を併用して、I will meet Nick two hours ago. という珍妙な解答をしていました。このほかにも when it passes two hours などの迷答がありました。

なお、1人だけ two hours from now とした人がいましたが、これは in two hours の別の言い方で、もちろん正解です。

そもそも、ここで after や later を使った人は、それだけで全員減点されてもおかしくないくらいです。といっても、こういう場合には in を使う、ということを正しく教わっていればの話ですが。

正直なところ、もし先生方に同じ文章を訳してもらった場合も、どれだけ正しい答えが出るかはやや疑問です。もしかしたら、中にはやはり later や after を使ってしまう先生もいるのではないでしょうか。

いずれにせよ、6年間も英語を習った挙げ句に、「2時間後に」というごく簡単でありふれたフレーズすら正しい英語にできないようでは困ったものです。

先ほどの will の場合と違って、これは受けた英語教育がリーディング／ライティング重視だったかスピーキング／リスニング重視だったかに関係なく、まったくの基礎レベルの話です。日本語でも

「何時間後／何カ月後／何年後に」という言い方は、書きことばや話しことばを問わず使いますが、それと同じです。

in と later/after の違いについては、すでに『ここがおかしい日本人の英文法 II』(p. 97 - 109) で説明しているので、詳しくはそちらをご参照ください。ここでは参考までに、同書で使った例文を再掲して、いくつかポイントを説明しておきましょう。

例文 1

I'm going to Rome *in* two months. A month *later*, I'm going to Paris, and after staying in Paris for a week, I'm flying to London.
2カ月後にローマに行く予定だ。その1カ月後にパリへ行き、パリに1週間滞在したあと、空路ロンドンに向かおうと思っている。

例文 2

I went to Rome two months ago. A month *later*, I went to Paris, and a week *after* that I flew to London.
2カ月前にローマへ行った。その1カ月後にパリへ行き、それから1週間後に空路ロンドンへわたった。

第1のポイントは、例文1では予定を表現するのに現在進行形が用いられている、という点です (I'm flying to London.)。これがもっとも自然な言い方で、ここで will を使うのはまったく不適切です。be going to は使っても間違いではないでしょうが、あえてこれを使うべき理由は見当たりません。

第2のポイントは、例文1では話し手が I'm going to Rome *in* two months. と言っていますが、「2カ月」の起点は話し手にとっての今現在である、という点です。つまり、*in* two months は

two months from the present という意味なのです。

これに対し、A month *later*, I'm going to Paris. という場合の起点は、現在ではなく今から2カ月後です。もしこの会話が4月1日にあったとしたら、話し手がローマに行くのは6月初め頃でしょう（2カ月後といっても、こうした会話ではあまり厳密性はないので、必ずしも6月1日とは限りません）。

また、例文2の a month later は「ローマに行ってから1カ月後」の意味ですから、話し手がパリに行くのは7月初めだと推定できます。

第3は、例文2で話し手が I went to Rome two months *ago*. と言っていますが、この two months ago は現在を起点とするので、今から2カ月前を指している、という点です。

これに対し、次の A month *later*, I went to Paris. の起点は現在ではなく、その2カ月前です。もしこの会話が4月1日にあったとしたら、話し手がローマに行ったのは2月初め、パリに着いたのは3月初めということになります。

以上をまとめると、こうなります。

現在を起点として過去にさかのぼる場合は ago, 現在から未来までの期間を示す場合は in を使います。また、現在ではない時点（過去または未来）を起点に未来までの期間を示す場合は、later を使います。この規則には例外はないと思ってください。

ですから、現在から2カ月後、という意味を伝える場合に、I'm going to Rome two months *later*. というのは間違いで、許容されません。本章冒頭の例題で「2時間後に」を two hours *later* と表現するのも、同じく間違いなのです。

ただし、現在を起点として**不特定**の未来を指す場合であれば、later を使うのが普通です。

- (I'll) See you later.
- I'll do it later.

しかし、未来のいつを指すかがはっきりしている場合は、in を使わなければなりません。

- I'll see you two hours *later*. [×] → I'll see you *in* two hours. [○]
- I'll do it two hours *later*. [×] → I'll do it *in* two hours. [○]

先に挙げた調査結果では、after two hours とした人と two hours after とした人の数をいっしょにまとめましたが、実はこの2つは、パターンとしてはまったく異なります。前者の after は前置詞、後者の after は副詞だからです。そこで、after を使った95人の解答をさらに調べてみると、after two hours としたのは43人、two hours after としたのは52人でした。

two hours *after* と答えた人には、これが two hours later と同じ意味だと思っているのかどうか聞いてみたいところです。ただし、どちらもこの例題の訳として間違いであることに変わりはありません。

1つ注意してほしいのは、after は later と違って、副詞として使われることはあまりない、という点です。two hours later という言い方はよく見かけますが（ただし起点が過去か未来である場合に限る）、これに対し two hours after とはあまり言いません。また、起点が現在の場合は絶対にこの言い方はしません。after が副詞として使われるとすれば、次のようにほかの副詞と合わせて使われるのが普通です。

- John emigrated first, and his family followed *soon after*.
- And they all lived happily *ever after*.

after は今述べたように副詞としてはあまり使われませんが、前置詞や接続詞としてはよく使われます。

前置詞としての用例：
- after staying in Paris
- after that

接続詞としての用例：
- We bought our first house after we moved to Illinois.
- Come and visit us after you get back from France.

after two hours というフレーズでは、after はもちろん前置詞ですが、問題は、これに two hours, three days, four weeks, a couple of years などを続けてもよいのかどうか、という点です。たとえば I'll see you after *the vacation*. とは言いますが、I'll see you after *three months*. という言い方は、とても不自然です。その理由の1つは、I'll see you *in* three months. のほうが普通だからですが、それ以外にもちゃんとした理由があります。次の例文を見てください。

- I had been dreading going to university, but after two days I felt right at home. [◎]
- I first visited Bali in 1992, and I went there again after two years. [前半△、後半×]

最初の文はまったく問題ないのですが、2番目のほうは、after two years を two years later または two years after that と言い換えるべきです。

この2つの例の違いは、最初の文の after は話し手の体験を表現しているのに対し、2番目の文は単に2つの出来事を時系列に沿って羅列しているに過ぎない、という点です。*after two years (etc.)* **という表現は、その期間に起きた何らかの体験を示唆する言い方であって、単なる時間の経過を示す場合に使うのは不適切なのです。**

最初の文の after two days は、after two days *of life here* の太字部分が省略された形だと考えられます。after two months (etc.) *of...* という言い方は、体験を語る場合によく使われます。

I could barely run 500 meters when I first took up jogging, but after 2 months (of practice) I could run 5 kilometers without too much trouble.
ジョギングを始めた頃は500メートル走るのがせいぜいだったが、2カ月［練習を積んだ］あとには5キロ走っても平気になっていた。

We went hiking in August, but after five days of constant wind and rain, we decided to give up and go home.
8月にハイキングに出かけたのだが、5日間も風雨が続いたので、あきらめて帰ることにした。

さて、本章冒頭の例題に戻りましょう。after two hours が不適切であることはおわかりいただけたと思いますが、in two hours ならよいでしょうか？　実は、これだと「きっかり2時間後」、という意味合いも出てしまうので、やや限定的すぎるかもしれません。会話では a couple of hours や two hours or so という言い方に

するほうが自然です。したがって、ここは I'm meeting Nick in a couple of hours. などとするのがより適切といえます。

ところで、本章冒頭に挙げた I will meet Nick two hours later. は、「2時間後にニックに会うことになっています」の英訳としては不適切ですが、これを純粋に英文としてみた場合、コンテキストによっては問題なく使えるケースもありえます。two hours later という言い方は、時間の起点が過去ないし未来であることを示唆しています。したがって、たとえば会社の社長が秘書と午後の予定を打ち合わせている以下の場面などでは、I will meet/see Nick two hours later. という表現も可能です。

Secretary: What time would you like to see the project manager?
President: Well, the finance committee meeting should be over by 2.30, so why don't you ask him to come at 3? Then *I'll see Nick two hours later.*

秘書：プロジェクトマネージャーとの会合は何時にしましょうか？
社長：そうだな、財務委員会の会議は2時半には終わっているだろうから、プロジェクトマネージャーには3時に来るよう伝えてくれ。その2時間後にニックと会うことにするよ。

社長からこう聞いた秘書は、ニックとの会合が5時だということを容易に理解できるはずです。社長は、秘書と話す流れのなかでニックと会う時間を決めているので、ここで will を使うのもきわめて妥当といえます。

ただし、本章冒頭の例題の場合は、日本語で「ことになっています」とあります。つまり、何かを話の流れで決めるのではなく、あらか

じめ決まっている状況です。したがって、I will meet Nick two hours later. が使える場面には該当しません。

第3章

単語本来の意味合いに
敏感になろう

□ 例題：次の文章を英語で表現しなさい。

「お待ちしておりました」
　　　↓
[典型的な解答例]
I/We have been waiting for you. [??]

　もうずいぶん前になりますが、はじめて日本人のお宅に招かれたとき、ちょっと驚いたことがありました。玄関で私を出迎えてくれた人が、

We have been waiting for you.

とおっしゃったからです。あとで考えると「お待ちしておりました」という歓迎の意だったのでしょうが、この英語はまったく別の意味合いを持つ言い方なので、思わず心臓がどきっとしました。

「約束の時間きっかりに着くよう、近くで時間をつぶしたりもしたのに、なぜこんな言われ方をするんだろう。この国では約束の時間より早く来るのがしきたりなのかな？」と、まだ来日して間もなかった私は思ったものです。

　でも、先方のご一家はたいして気を悪くしていない様子だったので、ひどいエチケット違反ではなかったようだ、とひとまず胸をなでおろしました。もっともそのあと、お手洗いからトイレ用スリッパのまま出て来てしまい、恥ずかしい思いをしましたが。

▶ waiting に「待望」の意味合いはない

　それはさておき、英語の waiting という語で注意してほしいのは、日本語の「待つ」ことと違って、「待ち望む」という意味合いはない、という点です。むしろ、「時間のムダ」という意味のほうが強いと考えてください。

　誰かを待っているときは、そわそわして何も手につかず、相手が来るまではしたいこともできません。英語の waiting は、そうした手持ちぶさたの状態を強く感じさせます。

　たとえば、会議の出席者が1人だけ遅れている場合には、こんなやりとりがあるかもしれません。

Shall we wait for him, or shall we start without him?
来るまで待ちますか、それとも始めましょうか？

Let's wait 10 minutes and then start if he isn't here by then.
10分待って来なかったら始めましょう。

この2つの例文にも、人を待つ＝時間の浪費、という意味合いが込められています。それと同じで、We have been waiting for you. というと、**遅れてきた相手をたしなめる言い方**になってしまうのです。
　しかし、たとえばやっと意中の恋人に巡り会った人が、

I have been waiting my whole life for you.
君と出会うのを生まれてこの方ずっと待ち続けていたんだ。

という場合には、相手を責める意図は込められていないと考えられます。ただ、たとえ相手のせいではなくても、自分はこれまでの人生をムダにしてきた、という意味合いは伴います。
　もうおわかりのように、招待されて時間通り到着したお客に、ご主人が We've been waiting for you. と言うのは、「待たされて迷惑しました」というのと同じなのです。遅れて来たお客に対しても、こういう言い方は失礼にあたります。「遅かったですね」と嫌味を言いたいのなら別ですが。

▶ expect を使うと別の意味合いが

　では代案として、We've been expecting you はどうでしょうか？　結論から言えば、これも好ましくありません。expecting someone というのは「相手が間もなく来ると思っている」という意味です。でも、あなたはすでに相手を招待し、相手も承諾の返事をしているのですから、約束の時間に相手がやって来るのは当然です。その相手に向かって、

We've been expecting you.
お見えになると思っていました。

などと言うのは、当たり前すぎて野暮に聞こえてしまいます（一般に英語の世界では、自明なことはあえて言わないのが教養ある人のマナーなのです）。

ただし、訪問予定の打ち合わせなどで、

OK, we'll be expecting you/we'll expect you around 1 o'clock.
それじゃ、1時頃に待ってるよ。

と未来進行形／未来形で expect を使うのは問題ありません。

来客の準備で忙しいさなかに誰かが電話してきたとき、

I'm afraid I can't talk for long, because we're expecting visitors for lunch.
今あまり話せないんだ、お客さまを昼食にお招きしてるんでね。

と現在進行形（未来表現）で使うのも OK です。

また、現在完了進行形の have been expecting someone も、

We've been expecting him for the last two hours.
もうかれこれ2時間も彼を待ってるんだけど。

のように、相手が予定の時刻を過ぎてもまだ来ない場合には使えます。

到着したゲストに対して I/We have been expecting you. と言うのは好ましくない、と先ほど説明しましたが、1つ例外がありま

す。「招いてはいないが来るかもしれない」と思っていた相手が案の定やって来た場合です。

たとえば、休暇や出張から戻った部下がひょっこり部長室に顔を出したときには、部長が、

I have been expecting you.
そろそろ来るかと思ってたよ。

と部下に言っても違和感はありません。ただし言外には、「どうしてもっと早く連絡しなかった／訪ねて来なかったんだね？」となじる感じがつきまといます。

▶解答例

さて、本題の「お待ちしておりました」に戻って、適訳を考えてみましょう。
カジュアルな集まりならば、

Hi, come (on) in.

で十分です。はじめて来た相手には、これに

- Hope you found us easily.
  道はすぐおわかりでしたか。
- Hope you didn't have any problems getting here.
  途中で迷ったりしませんでしたか。

と付け加えるのもいいでしょう。相手が男性なら特にそうです。私を含め、たいていの男の人は地図がらみの話に興味を示すと思われるからです。

こうした英語式の出迎えの挨拶には、日本語の「お待ちしておりました」のようなていねいさは確かにありません。しかし、そもそも英語の世界では、こうした場面で堅苦しいことばはあまり使わないのです。友人や仲間の集まりではなおさらです。

ただし、状況によってはていねいな挨拶が必要となる場合もあるでしょう。そんなときは、

> Hello. Thank you very much for coming (all this way). It's very good to see you.
> こんにちは。［遠路］お越しいただいてありがとうございます。お目にかかれてうれしいです。

とか、

> Hello, welcome to our home. We've been looking forward to seeing you.
> こんにちは。わが家へようこそ。お会いするのを楽しみにしておりました。

などの表現が使えます。

第4章

同義語でも、意味合いは微妙に違う

□ 例題：次の文章を英語で表現しなさい。

「ホテルを出てから、直接コロシアムに向かいました」
↓
[典型的な解答例]
After getting out of the hotel, we headed straight for the Colosseum. [??]

▶ get out of と leave の意味合いの違い

上の解答例には、1カ所だけ誤りがあります。leave と言うべきところに、get out of を使っている点です。それほど重大な誤りではないかもしれませんが、それぞれだいぶ意味合いが違うことも事実です。日本人の英語を長年見てきた私の経験から言うと、この2つの動詞表現の違いに気づいていない人が案外多いようです。

動詞の leave は、enter（入る）や arrive at［または arrive in］（着く）の反義語で、単に「出る」、「去る」というストレートな意

味のほかに、特別な意味合いはありません。誰かが entered/left the room と言えば、単に「部屋に入った／部屋を出た」というだけの話ですし、飛行機が arrived at/left Narita Airport という場合も、単に事実を述べているだけです。go/come out of や go/come into も同様です。

例を1つ挙げます。

Our parents went out of [left] the room so that we could discuss things in private.
僕たちだけで話し合えるようにと、両親は部屋を出て行った［出た］。
（注：went out of は left に比べて部屋を「出る」行動をやや強調した言い方）

これに対し、get out of は感情的な意味合いを含んだことばです。指し示す行動自体は leave と同じですが、決して leave と同義ではありません。次の2つの例文を比較してみてください。

・I *left* the pub at 11 o'clock.
・I *got out of* the pub at 11 o'clock.

どちらも「僕は11時にパブ（居酒屋）を出た」という意味にとらえられがちですが、実は大きな違いがあります。left は単にパブを出たという事実を述べているだけですが、got out of には、「ほんとうは夜11時前にはパブを出たかったのに、わけあって出られなかった」という意味合いが込められているのです。日本語でいえば、

ようやくパブを抜け出したのは11時だった。

というところでしょうか。この意味をより明確にするなら、got out of の前に finally を付け加えてもよいかもしれません。あるいは次のように言い換えることもできます。

I couldn't get out of the pub until 11 o'clock.
11 時までパブから抜け出られなかった。

これと似たものに、go to と get to があります。この2つの表現については第7章でも詳しく触れますが、簡単にいうと、go to は単に「〜へ行く」という言い方で、get to のほうは、目的地までの移動に困難が伴うことを示す言い方です。したがって、「大阪へ行くにはどうすればいいですか」と言うときは、go to よりも get to を使って、What's the best way to get to Osaka? と言うほうが適切です。

get out of もこれと同様、「苦労して何かから逃れる」という意味合いを伴う言い方です。

2つ例文を挙げておきましょう。

Many of the victims were unable to *get out of* the burning building, because the main staircase was blocked.
火災の起きた建物の主階段は物で塞がれていたため、多くの人が逃げ出せずに犠牲となった。

The prisoners *got out* by overpowering the guards and stealing their keys.
囚人たちは看守を襲って鍵を奪い、脱走した。

get out of に含まれる「脱走する」という意味合いは、次のよう

に比喩的に用いることもできます。

You can easily waste more energy by trying to *get out of* work than by actually doing it.
仕事を逃れようとじたばたしてもエネルギーの無駄だ、ちゃんと仕事したほうが早いよ。

They seem to want to *get out of* their obligations.
あの人たちは責任逃れをしたがっているようだ。

▶ get into にも特殊な意味合いが

get out of の反義語である get into（enter の意）も、やはり独特の意味合いで使われます。**何らかの場所へ入る、というときに *get into* を使うと、「その場所へ入るのは簡単ではない」ことを匂わせる言い方**になります。get into が cannot, try to, difficult などの語と併用されることが多いのはそのためです。

The thieves couldn't *get into* the vault.
窃盗犯は金庫室に侵入しようとしたが、うまくいかなかった。

He said the door was locked, but I doubt he even tried to *get in*.
彼はドアに鍵がかかっていたと言っているが、ほんとうに入ろうとしたのかどうかすら疑わしい。

It's very difficult to *get into* XYZ University.
XYZ 大に入学するのは並大抵のことではない。

ここで get into の代わりに enter を使ってももちろん OK ですが、get into のほうが難関校のイメージにぴったりです。
　逆に、「僕らは喫茶店に入ってお茶を一杯飲んだ」と言うときに get into を使って、

We *got into* a café and had a cup of tea.

と言うと、やや場違いな感じがします。喫茶店に「入る」のは別にむずかしいことでも何でもないからです（We went into ～としたほうが自然です）。
　しかし、たとえば、誰かと散歩していて急に土砂降りになった場合なら、

We're going to get drenched: let's *get into* a coffee shop quickly.
これじゃびしょ濡れになっちゃうよ。早く喫茶店にでも入ろう。

と言うことができます。この get into は、喫茶店へ入るのがむずかしいというよりは、「一刻も早く入らなければ」という切迫した感じを表現しています。
　このほか、go, come, walk, drive などの動詞も、get で置き換えると、行為の困難さを強調できる場合が少なくありません。
　たとえばトンネルを車で通り抜ける場合は *drive through* a tunnel ですが、トンネルが塞がれていて通行は無理だ、という場合は、get を使って、

You wouldn't be able to *get through* it.

と表現できます。

「高尾山に登る」場合は、ハイキング感覚で登れる山なので to *walk up* Mt. Takao と言えますが、富士登山となるとそう簡単にはいきません。get を使ってそのことを表現するなら、

It is rather more difficult to *get up* Mt. Fuji.

です。

招待状なしに首相官邸の守衛の脇をすり抜けるのは簡単ではない、と言う場合も、

You would not find it easy to *get past* the guards at the Prime Minister's official residence without an invitation.

と、get でむずかしさをより強調できます。

こうした用例は挙げればきりがないので、このくらいにしておきましょう。

さて、本章で最初に示した例文に戻りましょう。

After getting out of the hotel, we headed straight for the Colosseum. [??]

ここで問題なのは、get out of を使っている点です。これだと、まるでホテルを出るのが大変であったかのような、あるいは予定を早めて急いでそこを離れたかのような印象を与えてしまいます。

もしそういう意味を込めたいのならこの表現で問題ありませんが、そういう特殊な状況を示唆するコンテキストがないのであれば、ここは普通に leave を使うべきでしょう。したがって、正しい英語

表現はこうなります。

After *leaving* [*we left*] the hotel, we headed straight for the Colosseum.

ここで leave の代わりに come out of を使うこともできるでしょう (After *coming* [*we came*] out of the hotel, ...)。ただし、この言い方だと「出る」という行為が強調されますが、和文を見る限りそうした強調が必要な場面ではなさそうです。

ついでながら、ここで「come out of の代わりに go out of ではいけないのだろうか」と思った方は、第7章で come と go の使い分けについて説明していますので、参照してみてください。ちなみに come と go を使って例文訳をこう言い換えることも可能です。

After *coming out of* the hotel, we *went* directly to the Colosseum.

第 5 章

文字通り英語にしただけで「安心」するのは「危険」

□ 例題:次の文章を英語で表現しなさい。

「いただきます」
　　↓
[典型的な解答例]
I will receive this meal. [??]

▶ほんとうの意味は意訳でしか伝わらない場合も

　一読して翻訳だとわかるような文章はよい翻訳ではない、と学校で教わったことがあります。

　特に印象に残っているのは、尊敬するフランス語の先生がフロベールの『ボヴァリー夫人』の英訳本を使って、原文が意訳されている箇所を解説してくれた授業です。

　「意訳された部分は、字面だけ見ると原文からやや離れているが、あたかも英語で書かれた風格ある小説のように違和感なく読める。

そんな意訳であればまったく問題はない」とこの先生は教えてくれました。

確かに、文字通り「正確」に翻訳しただけでは、実際にその言語を使う人たちに通じるとは限りません。多くの翻訳者が頭を悩ませるのは、まさにその点なのです。

無頓着な翻訳者なら、「いただきます」をI will receive this meal. という英語にして、何の問題もないと思ってしまうかもしれません。字面だけ見れば確かに日本語通りです。

しかし、いくら正確でも、相手にはっきりその真意が伝わらなければ、まったく話になりません。事実、英語のネイティブスピーカーは食事の前にI will receive this meal. などとは言いませんから、この訳を見てもぽかんとするだけでしょう。

「真意が伝わる」というのは、「言いたいことが、言語を超えて、はっきり伝わる」ということです。これが大事なのは、言うまでもなく、英語を日本語に置き換えるときも同じです。

たとえば、

Get off my back.

というフレーズは、逐語訳すれば「僕の背中から降りてくれ」ですが、こんな訳は、うつぶせになった自分の背中に誰かが乗っているときぐらいしか使えません。

この英語は、口やかましく指図してくる相手を黙らせたいときに使う慣用句で、日本語では

ほっといてよ。
うるさいなあ、もう。
いちいち口出ししないで。

といった感じに近いのです。

▶国ごとの文化の違いにも注意

　「いただきます」に話を戻しましょう。キリスト教徒は従来食事の前に短いお祈りをする習慣があり、英語では、

For what we are about to receive, may the Lord make us truly thankful.
主よ、これからいただく糧［かて］に対し、心から感謝の念を抱かせたまえ。

というのが一般的でした。この receive は「いただきます」にも一脈通じるところがあります。
　しかし、近年ではこうした食前のお祈りをする人が少なくなり、わずかに公式行事や改まった集まりなどで見られる程度です。
　キリスト教以外の宗教や無宗教の人々にも配慮すべきだ、という考え方もこの傾向に追い打ちをかけ、今では食事の席で何も言わずに食べ始める人が、残念ながら、多数派を占めています（それどころか、全員の準備が整う前に食べ始めてしまうマナー違反の人も珍しくありません）。
　食べ始める前に何かことばを発する人がいるとすれば、たいていはホストか料理を作った人です。この場合特に決まった言い方はありませんが、

Let's [Do] start.
さあ、いただきましょう［どうぞお召し上がりください］。

などが一般的で、これに対しゲストは、

Thanks. This looks great.
ありがとうございます。おいしそうですね。

などと言って、感謝の気持ちを示します。

その点、フランス語やドイツ語には Bon appétit. や Guten Appetit. などの決まり文句があるので便利です。もっともこの 2 つの表現は、相手に食事を楽しんでほしい、という願いを表わすもので、日本語では「お召し上がりください」に近い言い方です。一緒に食事をしない人（ウェイターなど）もこのフレーズをよく使います。ですから、これからいただく食事への感謝を示す「いただきます」とは意味合いが異なります。

ちなみに、Bon appétit. や Guten Appetit. は字義どおり英語に直せばどちらも Good appetite. になりますが、現実には英語のネイティブスピーカーは誰も Good appetite! とは言いません。

フランス語→英語、ドイツ語→英語のすぐれた翻訳者が Bon appétit. や Guten Appetit. を英語に訳すとしたら、その話し手がどんな人で、どんな状況に置かれているかをよく考えて、もっとも適切な英語表現をひねり出すでしょう。

場合によっては、ドイツ語の原文を英訳する場合に、フランス語の Bon appétit. をそのまま使う、という判断をするかもしれません（というのも、Bon appétit. という表現は、外国慣れした一部の英語国民のあいだでは普通に使われているからです）。

もしそれを言うのがウェイター、あるいは料理人である場合は、

Enjoy your meal.

という英語表現を使えばいいでしょう。あるいはいろいろ考えた結果、先ほど紹介した、

Let's start.

などの訳に落ち着くかもしれません。

　フランス語、ドイツ語、英語など、比較的近い関係にある言語間でさえ、言いたいことを的確に言い換えるのに相当苦労するわけですから、日本語と英語ほどかけ離れた言語間となると、さらに大変です。

　特に、「いただきます」のように、片方の言語文化にあって、もう片方の言語文化にはない言い方は、面倒です。その言い方が使われている状況をよく理解して、それに合った言い方を毎回考え出さなければならないからです。

　日本映画の英語字幕を翻訳している人などは、おそらく「いただきます」が出てくる度に、食欲が増すどころか、きりきりと胃が痛むような思いをしているのではないでしょうか。

▶逐語訳の是非

　原文を逐一外国語に訳したものこそ正確な翻訳だ、とする見方は今も世間に根強くはびこっているようですが、これは大きな間違いです。確かに逐語訳というのは、原文の情報を一字一句もらさず訳文に反映させる、という意味では「正確」かもしれません。しかし、これはあくまで機械翻訳のような正確さに過ぎず、その訳文を読む人に何が伝わるかというもっとも大切な視点が、まるで欠けてしまっているのです。

逐語訳がもたらす安心感は、あくまで翻訳している側のみが感じるものであって、その翻訳を読んだり聞いたりする側には正しく意図が伝わらない危険を常にはらんでいます。受け手に正しく意図を伝えるためには、その言語の表現体系に照らして、しっかり訳文を検証・推敲することが不可欠なのです。

　同じことは英語学習者の英作文にもあてはまります。問題文を単語レベルに切り分けて辞書で訳語を調べ、それをうまくつなぎ合わせれば、いちおう英文としての体裁だけは整うでしょう。しかし、それが文章として読み手に伝わる意味や意味合い、イメージは、はたして問題文のそれと同等でしょうか。その検証を行なわなければ、実は英作文をやる意味などないのです。実際の学校教育で行なわれる英作文では、模範解答や生徒の答えが英語表現の常識に照らしてきちんと検証されているでしょうか。イエス、と胸を張って答えられる教育機関が大多数であることを願うばかりです。

　そうした検証をしっかりと積み重ね、英語表現の常識が身につけばつくほど、ただ辞書の訳語をつなぎ合わせただけの英文がいかに無意味でこっけいか、わかるようになります。英語を真剣に学ぼうと思うみなさんには、ぜひその境地をめざしてもらいたいものです。

第 **6** 章

理解を「じゃま」する間違いだらけの英語表現

□ 例題：次の文章を英語で表現しなさい。

「どうぞお上がりください」「おじゃまします」
　　　↓
[典型的な解答例]
Please come in. Thank you, it's kind of you. [??]

▶首をかしげたくなる和英辞書の例文

　「おじゃまします」という言い方も、よく使われるわりには英語にしにくい日本語表現の1つです。その「模範訳」はどんな英語だろうか、と興味がわいたので、和英辞典を引いてみました。ところが、途中にもいろいろと傑作な項目があったので、めざす例文にたどりつくまでに思いのほか時間がかかってしまいました。

　「おじゃまします」はひんぱんに耳にする言い方なので、てっきり「じゃま」の項の最初のほうに出てくるに違いないと思っていたのですが、実際はずいぶんとうしろのほうに追いやられていて、そ

の前に「じゃま」を使ったほかの表現が延々と並んでいました。

中には「じゃまだじゃまだ、どけどけ！」などというのもありました。こんな言い方は、日本語でも英語でもうっかり使うとけんかを売っていると思われるかもしれませんね。

ここでちょっと脱線しますが、ご勘弁ください。「じゃまだじゃまだ、どけどけ！」の訳としてこの辞書に載っていた言い方はYou're in the way. Stand aside; stand aside, I say! でした。

もとの日本語が居丈高な言い方なので、どう英語にしたところで横柄な感じになってしまうのは仕方ありません。しかし、辞書に載っていたこの英訳はあまりに特殊な言い方で、実際にはまず使えません。まるでディズニー漫画の１シーンで、悪の女王の手下どもが行列の前に立って「女王様のお通りだ、みなのもの下がりおろう」と村人を追い散らしているように聞こえるのです。

stand aside という古風な言い方がまずそうしたイメージを与えますし、最後に I say を付け加える言い方も、時代劇風で、「上から目線」のごう慢な感じがします。

このように文の最後に I say を付加する言い方は、1930 年代ないしそれ以前にはもはや廃れていたはずで、せいぜいジョークにしか使われなかったでしょう。もし今日使うとしたら、言われたほうはばかにされたように感じるに違いありません。

一方、stand aside のほうは現代でも使えなくはありません。相手が立ちはだかって通路をふさいでいるので、ちょっと通らせてほしい、と頼む場合などがそうです。

ただし、やや肩肘を張った言い方なので、ていねいに、

Could you please stand/step aside, ma'am?
ちょっと通していただけませんか。

のように使います。ここで命令形を使うのは論外、とまでは言いませんが（命令形については第1章を参照してください）、警察官のように明らかに命令する権限を持っている人でない限り、stand aside を命令形で使うのは避けたほうがいいでしょう。どこの誰ともしれない人に突然 Stand aside! などと言われたら、相手はむっとなるのが普通です。

ついでながら、stand aside という句動詞は「何かが起こるのを止めようともせず、ただ傍観する」という意味でよく使われます。

I'm certainly not going to stand aside and let Ros have her own way.
あの女［ロズ］の身勝手を、俺が指をくわえて見てると思ったら、大間違いだぞ。

また、重要な職務やポジションを誰か別の人に譲る場合にも使います（stand down と同義）。

The chairman of the board has promised to stand aside on his 70th birthday.
会長は70歳の誕生日をもって職を退くと約束した。

「どけ」は、一般的には Get out of the way. と訳すほうが自然で、このほうがこなれた英語に聞こえます。Get out of the way. には、日本語の「どけ」と同じくぶしつけな意味合いがあり、たとえば警察官などはそうした横柄な言い方をしないよう教育されています（それでも使う警官もいますが）。

これに比べて、stand aside にはいんぎんで皮肉なトーンがあります。ですから「どけ」というときは、普通に Get out of the way. というほうが無難で、Stand aside, I say! などとひねった言い方をすると相手をいきり立たせることになりかねません。

 Get out of the way. を使うもう1つのメリットは、相手が道をふさいでいる、という意味がこのフレーズの前提に含まれているので、改めて You're in the way. という必要がない、という点です。

▶「おじゃまします」の例文に異議あり

 ちょっと道草が長くなりましたが、「おじゃまします」に話を戻しましょう。

 電子辞書で「じゃま」の項を延々とスクロールしていくと、ようやく「おじゃましました」の例文があり、そのあとに「おじゃまする（訪問する）」の項が出ていました（順序が逆のような気もするのですが……）。

 そこに載っていた「おじゃまする」の訳は、come [go] in というなんとも素っ気ないものでした。

 ほかにも何かあるに違いない、と探しつづけたところ、ようやく最後から2番目に「どうぞお上がりください」「ではおじゃまします」という例文があり、Please come in.—Thank you, it's kind of you. と訳されていました。すでにおわかりと思いますが、本項の冒頭に挙げた例文と英訳はここからとったものです。

 この英訳にも、私は少なからずがっかりしました。あまり面白味がないから、ではなく、ごく短い文章なのに、修正したいところが4カ所もあるからです。どこが問題か、みなさんはおわかりでしょうか？

 もし私がこの辞書の校正担当者だったら、まず冒頭の please を

カットするでしょう。辞書の編集者は「なぜだ！」とかみついてくるかもしれませんが、そのときは本書の第1章の内容を引いて、ここで please を使うのがなぜ不適切かを説明することになると思います（くどくど説明したくないときは、「じゃあせめて please を do に変えてください」と言うかもしれません）。

2つ目の修正点は、Thank you のあとのコンマをピリオド（あるいはセミコロン）に変えることです。Thank you も it's kind of you も独立節ですから、これをコンマだけでつなぐのには無理があり、普通は接続詞を使います。この例文に合う適切な接続詞はないので（Thank you, *and/but/or* ... it's kind of you. はいずれも不可）、代わりにピリオドかセミコロンを使うしかありません。英語のネイティブスピーカーのなかには独立節をコンマでつなげる人もいるでしょうが、それが間違いであることに変わりはありません。

第3に、私なら it's を that's に変えます。大した違いではないように思われるかもしれませんが、上級者とそうでない人の英語感覚の差は、実はこうした些細な部分に出てくることが多いのです。

it が代名詞で、先行する具体的あるいは抽象的な名詞を指すことが多い、ということはみなさんご存じですね。

Can you hand me the wrench? It is just behind you.
レンチをとってくれ。君のすぐうしろにあるやつだよ。

上記の it ならわかるのですが、辞書の it's kind of you という例文では、it は何を指しているのでしょうか？　これは特定の名詞を指したものではなく、相手が今言った内容（すなわち「どうぞお入りください」という誘い）を指しています。

しかし、このように今述べられたばかりのアイデアや状況全体を代名詞で示す場合は、it よりも this や that を用いることをお勧め

します。この場合に絶対にitが使えない、というわけではありません。itで代用することも可能ですし、ネイティブスピーカーによるそうした使い方も少なからず見つかると思いますが、あくまで感覚的にthisやthatのほうがしっくりくる、ということです。

では、この用法でthisとthatにはどういう違いがあるでしょうか。なかなか説明しにくい面もありますが、私見ではthatのほうがthisよりくだけた感じがあり、会話ではthatのほうが多く用いられると思います。

特に、自分の言ったことではなく、別の人が言ったことを指す場合に、thatが使われる傾向があります。本項の例文の場合なら、that's kind of you と言うのは何らおかしくありませんが、this is kind of you と言うと、明らかに奇異に聞こえます。

逆に、改まった書きことばの場合は、自分やほかの人の発言内容を指す代名詞としてthisが好まれる傾向があります。前の文全体を受けて指示代名詞thisやthatを用いる場合は、その文を強調することになり、述べられた内容が新しい、あるいは興味深いものである、という印象を与えます。itよりもthisやthatが多く用いられるのは、そのほうが強調の度合いが強まって相手の興味をひくからです。

逆にいえば、itが使われるのは、自分の述べたちょっとした発言に簡単なコメントを加える場合などに限られる、と言ってもよいでしょう。

I think I've got a temperature. It's really annoying.
ちょっと熱があるみたいだ。嫌だな。
（注 あとの文のitは、自分に熱があることを指す）

「どうぞお上がりください」、あるいはCome in. というのは、

ごくありきたりな誘いかけです。しかし、発言しているのは自分以外の人ですから、これを that で受けたほうが相手への共感を表わすことになります。逆に、it で受けると関心が薄いように受け取られます。

同様に、熱がある、という前出の文が自分以外の発言だった場合も、これをあなたが it で受けるのは不適切、ということになります。

A: I think I've got a temperature.
B: That's a pity. [It's a pity. (x)]
「ちょっと熱があるみたいだ」
「それはよくないな」

第4の修正点として、私なら kind の前に very を入れます。ほんとうはなくてもよいのかもしれませんが、単に That's kind of you. だと、英語ネイティブスピーカーの耳には、気のない言い方に聞こえてしまうのです。

以上4点を修正すると、「どうぞお上がりください」「おじゃまします」の訳は次のようになります。

A: Come in.
B: Thank you. That's very kind of you.

この訳で最後に問題となるのは、誰かの家または部屋に相手を招き入れることが、どれだけ kind（親切）といえるか、という点です。

もし話し手Aが相手Bを前もって招待していたとすれば、招待してくれた、という行為は確かに親切ですが、家や部屋に入っていいよというのはその当然の帰結で、特に親切な行為とはいえない、とみるのが英語的な感覚なのです。

実際この場面なら、英語ではむしろBよりもAのほうが「来てくれてありがとう」と感謝してもよいくらいです。

A: Hello. How kind of you to come. Don't stand out there in the cold!
B: Thank you very much.
「こんにちは。来てくれてありがとう。そんな寒いところに立ってないでお入りなさい！」
「ではおじゃまします」

　そのあとすぐ、Bが招待に感謝する意味でIt was very kind of you to invite me. と付け加えても、不自然ではありません。
　ついでながら、上のDon't stand out there in the cold! では、状況に応じてcoldの代わりにrain, heat, windなども使えます。晴れた日なら、単にDon't stand out there – come on in. だけでも構いません（命令形を使うなんて失礼じゃないか、と感じた方は、まだ命令形についての誤解にとらわれています。第1章の命令形についての説明を、もう一度読み返してみてください）。
　逆に、もしBがふらりとAを訪ねてきたとしたら、Bを招き入れるAの行為は確かに親切といえるでしょう。この状況でBが「おじゃまします」と言う場合なら、上記の訳（Thank you. That's very kind of you.）でぴったりです。Aは予想外の来訪にもかかわらず親切にBを迎えてくれたからです。
　しかし、もしBが前もって招待されていたとしたら、Bが来ることをAは当然想定しているはずですから、単にThank you. だけでよく、That's very kind of you. はむしろ省略するほうが自然です。
　もちろん、BがAから最初に招待を受けた時点でThat's very

kind of you. と言うのであれば話は別で、何ら不都合はありません。

整理しておきましょう。AがBの来訪を予期している場合、「どうぞお上がりください」「おじゃまします」は、ごくシンプルにこうなります。

A: Come in.
B: Thank you.

これでも普段の会話としてはやや大げさなくらいです。私の息子や娘が友だちを呼んで家に招き入れるとしたら、おそらく次のような言い方で済んでしまうはずです。

A: Hi.
B: Hi.

▶「おじゃまします」のその他の英語表現

さて、以上はご理解いただけたと思いますが、一歩踏み込んで、「じゃま」ということばの本来の意味(「さまたげ」ないし「障害」)を反映した形で「おじゃまします」を英語に直すことはできないものでしょうか。

もちろん、できなくはありません。ただし、それは「おじゃまします」が「ごめんなさい」という意味の英語に言い換えられる場合に限られます。

日本語の「おじゃまします」には、申し訳ないと謝る感じが含まれていますね。そのせいかどうかわかりませんが、どうも日本人のみなさんは、英語では感謝すべき場面でも、つい謝罪のことばを使っ

てしまう傾向があるようです。

　ほとんどの日本人のみなさんは、頭ではこのことを自覚しているようです。しかし、たとえば海外旅行先などで、他人がドアをおさえて開けたまま自分を通してくれたときなどに、つい Thank you. ではなく Sorry. と言ってしまう、という人は多いのではないでしょうか。

　相手があなたを招待してくれた場合は、あなたが訪ねていくのは当然のことで、「のこのこ来てしまって申し訳ない」と謝るというのは、英語では考えられません。

　しかし、もしあなたが招かれてもいないのに、誰かの家や仕事場などへふらりとやって来てしまった場合は、相手にとってはまさに「おじゃま」で、英語でも「すみません」と謝るべき状況です。したがって、こんなやり取りが想像できます。

A: Oh, hello, Jim. Come in.
B: Thanks. I'm very sorry to disturb you.
A: No problem.
「ああ、ジムか。入れよ」
「ありがとう。じゃまして悪いね」
「いいよ、別に」

　あるいは、「入りなさい」と招かれる前に謝りのことばを言うほうが普通かもしれません。

A: Oh, hello, Jim.
B: Hello. I'm terribly sorry to disturb you, but could I possibly have a quick word?
A: Sure. Come on in.

「ああ、ジムか」
「やあ。おじゃまして本当に申し訳ないんだけど、ちょっとだけ話す時間をもらえないかな」
「いいとも。入れよ」

上の例では謝りのフレーズに disturb を使いましたが、ほかにも次のような言い方があります。

- I'm really sorry to bother you.
  おじゃまして［煩わせて］どうもすみません。
- I'm very sorry to barge in.
  いきなり押しかけてしまって申し訳ありません。
- Is this a bad time?
  今おじゃまじゃないですか？
- Do you have a moment?
  ちょっとお時間をいただけますか？
- Sorry to come around unannounced.
  予告なく来てしまってすみません。
- Sorry to intrude.
  おじゃま［侵入］してすみません。
- Sorry to interrupt.
  おじゃま［中断］してすみません。

▶ interrupt と disturb の違い

最後の2つについて、少し付け加えておきましょう。interrupt と disturb の違いについて、ときどき聞かれることがあるからです。

この2つの動詞は、目的語が人以外のものであれば、ほとんど同じ意味になります。しかし、目的語が人物の場合には注意したい点があります。Sorry to disturb you. とは言いますが、これと同じ意味で Sorry to interrupt you. と言うことはできないのです。「interrupt + 人」が使えるのは、その人が誰か別の人と話している／いっしょに何かしている場合だけです。その人が相手としている話や行為をストップさせる、というのがこの場合の interrupt の意味です。

　その人（彼）が何か不都合なことを言いそうになったので、話に割って入って（あるいはテーブルの下で彼の足を蹴って）口を封じた、というような場合は、次のように表現できます。

I interrupted him before he said anything incriminating.

　interrupt you というフレーズは謝る場合によく使われますが、これは I'm sorry to interrupt you, but I'd like to say that … のように、相手の話などをさえぎって申し訳ない、という意味です。

　これに対し、たとえば誰かの部屋のドアをノックして、出てきた相手に「おじゃましてすみませんが」と言う場合は、interrupt ではなく disturb を使います。

　もっとも、ドアを開けた相手がちょうど誰かと話していて、あなたを無視して話し続けているような場合だったら、I'm sorry to interrupt you, but … と言って話をさえぎることもできます（そんな場面は、刑事もののドラマ以外ではめったにないと思いますが）。

　interrupt が人ではなく活動やプロセスを目的語にとる場合は、そうした活動／プロセスを中断する、という意味になります。

Our "romantic" dinner was interrupted once by the doorbell and

once by the telephone.
せっかくのロマンチックなディナーが、玄関のチャイムで一度、電話のベルでさらに一度、中断されてしまった。

My wife frequently interrupts my Sunday afternoon daydreaming with unreasonable demands that I run the vacuum cleaner over the living-room carpet.
私は日曜の午後はぼーっとしているのが好きなのだが、妻が「居間のカーペットに掃除機をかけて」などと無理難題を吹っかけてきたりするので、おちおちまどろんでもいられない。

Torrential rain interrupted play in the second half.
試合は第2ハーフに入って豪雨のため中断された。

　「おじゃまします」の言い方の1つに挙げた Sorry to interrupt. も、やはり何かの活動/プロセスを「中断」するという意味です。目的語が省略されているのは、具体的に何が中断されるか、話し手自身もはっきりとは知らないからです。もし何を中断したかわかっていれば、Sorry to interrupt your work. などと言うこともできます。
　ここで大事なポイントは、**省略された目的語が you ではない**、ということです。ちなみに、実際は訪問者が相手の活動を中断してはいない場合もあるでしょうが、何か相手の活動を「じゃま」していると想定したほうが礼儀にかなうといえます。
　では disturb はどうでしょうか。disturb の目的語が人である場合は、その人が行なっている行為を中断する、という意味になります。
　したがって、あなたが予告なく誰かを訪ねていった場合には、Sorry to disturb *you*. と言えば Sorry to interrupt. と同じ意味

になります（しつこいようですが、Sorry to interrupt *you*. とは同じではありません）。

「disturb ＋ 人」は、誰かを動揺あるいは心配させる、という意味にもなりますが、どの意味かは文脈を見ればわかるのが普通です。

何の映画だったか忘れましたが、ある登場人物が、眠っている誰かの顔に拳銃を突きつけて起こし、Sorry to disturb you. と言うシーンがありました。「眠りを中断する」という意味の disturb と、「動揺させる」という意味の disturb をかけた言い方なので、私は思わずニヤリとしてしまいました。

ついでながら、ホテルの部屋にはドアノブに掛ける DO NOT DISTURB という札が置かれていますね。このフレーズは、正確には Do not disturb *me*. (または *us*) というべきところですが、目的語が省略されています。

看板や掲示物などではそうした省略も珍しくありませんが、話しことばでは省略しないよう気をつけてください。書きことばであっても、看板やドアに掛ける札など特殊な場合以外には、そうした省略をしないのが原則です。

読者のみなさんのなかには、それなら DO NOT INTERRUPT といえば省略せずに済むし、同じ意味になるじゃないか、と思う人もいらっしゃるでしょう。確かにその通りなのですが、DO NOT DISTURB はフレーズとしてすっかり定着してしまっているので、ホテル側としてもあえて disturb の代わりに interrupt を使おうとは考えないのでしょう。

航空会社が通路側の席を aisle seats と呼び、似た意味を持つ gangway seats を使わないのも同じような理由からです。うっかりそうした耳慣れない言い方をすると、乗客が妙な混乱をきたしかねないのです。

disturb に話を戻しますが、このことばは先ほどの映画の例でも

挙げた通り「眠りを妨げる」という意味を連想させるので、それもDO NOT DISTURBが好まれる理由の1つかもしれません。だって、みなさんがこの札をドアノブに掛けるのは、「安眠をじゃまされたくない」からですよね（何かほかにinterruptされたくないことでもしているのなら別ですが……）。

第 **7** 章

come と go に潜む落とし穴

□ 例題：次の文章を英語で表現しなさい。

「すぐ行きます」
↓
[典型的な解答例]
I will go soon. [??]

▶「すぐ」と soon の違い

　この例文でまず注意してほしいのは、soon は「すぐ」と同じではない、という点です。どちらも「ス」の音で始まるせいでしょうか、「soon＝すぐ」と覚えている人が多いようですが、実は両者のあいだには大きな違いがあります。

　日本語で「すぐ」というと、「とるものもとりあえず」「ほかのことはあとまわしにしてでも」といった意味合いがありますが、英語のsoonのほうは多少のんびりした感じで、「切迫感」があまりな

いのです。

soon はそう遠くない未来を指すことばですが、どのくらい先を指すかは特に決まっていません。英英辞典を見ても、in or after a short time（しばらく時間を経たあとに）などと定義されているだけで、漠然としています。

しかし、ある意味これは当然といえるかもしれません。soon が現在からどれだけ先を指すかは、そのときの状況や話し手／聞き手の気分によってだいぶ変わってくるからです。

場面をよく考えれば、話し手がどのくらい先を想定しているかはたいてい想像できますが、それでも人によってかなり幅があることはおわかりいただけると思います。

天文学や地学の分野では、たとえ100万年先の未来であっても soon といえるでしょうし、日常生活でもだいぶ先のことを soon という場合があります。

マスコミでは1980年代かそれ以前から、

We will soon be entering the new millennium.
新しい千年紀も間近となってきた。

などという言い方がされていました。

また、本格的な暑さが訪れる数週間前になれば、もう、

It will soon be summer.
間もなく夏が来る。

と言ってもおかしくありません。

さらに言うなら、私が研究社の編集担当者に、

I will be sending you a manuscript soon.
　原稿はじきに送ります。

と言った場合、それだけだと今日の午後を指すのか数カ月後になるのか判断がつきません。ですから、せっかちな私の編集者は、「具体的にはいつ原稿をいただけるんですか？」と聞き返してくるでしょう。

　このように soon は漠然とした言い方なので、「soon っていつですか」と説明を求められることも少なくないのです。

　これに対し、immediately はきわめて近い未来を指すことばです。soon のようなあいまいさはほとんどありません。

　英英辞典では immediately を without any delay などと言い換え、同義語として instantly や at once などを挙げています。

　もちろんそれで正しいのですが、もう少し詳しく説明したほうが、よりはっきり理解していただけるかもしれません。

　私が学生に説明するときは、immediately は、

　「すべてを差し置いてまっ先に」

という意味だ、と教えています。

　ただし、これをあまり文字通りには受け取らないでください。たとえば、あなたが職場で緊急の電話連絡を受けて、

　I'll leave immediately.
　すぐ出ます。

と答えた場合、必ずしもそのままあたふたと出て行くわけではなく、パソコンのスイッチを切ったり、急用で出かける旨を同僚に説明し

たりもするでしょう。もっとも、こうしたことは、すぐ出かけるためにすることであって、いたずらに出発を遅らせているわけではもちろんありませんが。

日本語の「すぐ」は、immediately ほど緊急性は高くないかもしれませんが、少なくとも最初に示した例文に関する限り、「すぐ」の訳としてよりふさわしいのは soon ではなく、immediately です。したがって、例文の訳も、soon を immediately に変えるべきです。

▶ come と go の意外な使い分け

しかし、この解答例にはもっと大きな問題点があります。go ということばの使い方です。

英語の come と go という動詞は、基本的な意味だけを考えるならば日本語の「来る」と「行く」とほぼ同じです。come は話し手に近づいてくることであり、go は話し手から離れる方向へ移動することを示します。

イギリス人の私が日本にいるときは、

When did you come to Japan?

と尋ねられることがよくありますが、私が海外にいるときは、私が日本に住んでいることを知った相手から、

When did you go to Japan?

と聞かれます。つまり質問者は、移動の方向が自分自身のいる場所に向かっているか、あるいはその逆かで、come と go を使い分け

ているのです。

もし東京にいるあなたに私が横浜から電話で今日遊びに来るように誘いかけるとしたら、

Why don't you come to Yokohama for the day?

と言うでしょう。2人とも東京にいて、横浜に遊びに行こうと誘う場合は、

Why don't we go to Yokohama for the day?

です。ここまでは単純そのものですね。

ところが、実は英語の come と go の使い分けには、日本語の「来る」や「行く」と違って、もう1つ厄介な判断条件があります。自分（話し手）にとってだけでなく、相手から見て、自分は「近づいてくる」のか、「離れていく」のか、も考慮しなければならないのです。

たとえば、**あなたが話し相手に向かって移動している場合は、話し相手から見れば、「あなたが近づいてくる」ことになります。その場合、英語では go ではなく、come を使うのです。**

あるいは、私が職場で同僚に「じゃあこれで帰宅します」と言う場合は、聞き手（同僚）から離れる方向に移動するので、

I'm going home now.

と言います。そのあとで妻に電話して「これから帰るよ」と言う場合は、聞き手（妻）に近づくので、

I'm coming home.

です（ただしこれは妻が自宅にいる場合の話で、もし彼女が外出中であることがわかっていれば I'm going home now. と言うでしょう。聞き手の居場所と違う方向へ移動することになるからです）。

さて、本章の例文に戻りましょう。すでに soon を immediately に変えるべきだと指摘しましたが、以上を踏まえると、それだけでは必ずしも十分ではありません。例文を I'll go immediately. と英訳できるのは、あくまで相手がいないところへ行く場合に限られるのです。相手のいる場所に向かおうとしているときは、I'll come immediately. としなければなりません。

今述べたことは、come や go の移動の向きにあなた（話し手）自身が直接関わっていない場合にもあてはまります。その実例を1つ挙げておきましょう。
これは、偶然にもこの項目を執筆している最中に私自身に起きたことです。
そのとき、私の妻と娘はロンドンにいて、知り合いのお宅に泊めてもらっていましたが、現地時間で夜11時15分頃、妻から日本にいる私に電話がかかってきました。
「娘が友人たちと飲み会に出かけたけれど、考えてみると、あの子はこの家の鍵を持っていないし、夜遅く帰ってきて呼び鈴を鳴らすと、家の人たちを起こしてしまうかもしれない。それでは迷惑をかけてしまう。どうしたらいいだろうか？」
こういう相談でした。そこで私はごく自然に、

Well, call her and tell her to come back straight away.
それなら娘に電話してすぐ戻ってくるよう言いなさい。

と言いました。そして同時に、「これは今度の本の例文に使える！」と思いました。

　もうおわかりと思いますが、ここで私がgoではなくcomeを使ったのは、私が妻の立場になって、娘が近づいてくるのか、離れていくのかを考えていたからなのです。

　もし私が直接娘に電話したなら、

Go back straight away.

と言っていたはずです。

▶主語によっても変わるcomeとgo

　comeとgoのどちらを使うかは、主語によっても変わる場合があります。これは、日本人のみなさんにはなかなか理解しにくい点かもしれません。少し詳しく説明しておきましょう。

　まず、先ほどの例文、

Why don't we go to Yokohama for the day?

を思い出してください。あなたと別の誰かは、ともに現在いる場所から離れたところ（横浜）へ行く相談をしているので、goを使うのが適切です。

　しかし、もし私がすでに横浜へ行くことを決めていて、あなたにも同行を誘う場合は、主語をweにするかyouにするかで、動詞をgoにするかcomeにするかが変わってきます。

　まず、youを主語にして誘う例を見てみましょう。文の後半で、

動詞が come に変わっている点に注意してください。

A: I'm going to Yokohama this afternoon. Why don't you come with me?
B: Sure. Great idea. / I'd love to, but I'm afraid I can't.

ところが、Why don't you come with me? の代わりに we を主語にして誘う場合は、

Why don't we go together?

となり、動詞は go です。

You を主語にした例文では、with me とあるので we と同じ意味になるから、go でもいいじゃないか、と思われるかもしれません。おそらく英語のネイティブスピーカー同士の会話でも、こうした場合に go が使われる例は、探せばきっと見つかるでしょう。

しかし、実際問題として、**話し手が行くことを決めている場所に相手を誘うときには、文の主語が you であれば動詞は come が使われるのが普通です**。次の2つの例文を比べてみてください。

1. Shall we go to Andy's party on Saturday?
2. Would you like to come to Andy's party on Saturday?

例文1では、話し手も相手もパーティに出るかどうか決めていない、ということがはっきりとうかがえるのですが、この英語表現にその意味合いがあることがおわかりでしょうか？ 英語のネイティブスピーカーがこの文章を見ると、**少なくとも話し手自身は出席の意思を固めていないし、相手もまだ出欠を決めていないようだ**、とい

う状況が、明らかに読み取れるのです。

逆に、例文2では、**話し手自身はパーティに出ることを決めていて、相手にも一緒に行こうと誘いをかけている**ことが読み取れます。また、話し手自身がこの時点でまだパーティの開かれる場所にはいない、ということも、この例文からうかがい知ることができます。

では、例文2のcomeを、以下のようにgoに変えた場合は、意味はどうなるでしょうか。

Would you like to go to Andy's party on Saturday?

例文1と同じ意味になる場合もありますが、**もう1つの可能性として、話し手自身は出席しないことを決めていて、さらに相手の出欠の意向を確かめている、という状況**も考えられます。ただし、もしそうだとすれば、

Are you going to Andy's party on Saturday?

と言ったほうがより自然です（「行くかどうか」より、「行きたいかどうか」を尋ねることに重点がある場合は別ですが）。

逆にcomeを使って、

Are you coming to Andy's party on Saturday?

と言うと、**「私自身は出席するつもりだけど」という意味も言外に含んだ言い方**になります。

▶ come/go は出発と到着のどちらを指すか？

到着や出発の意味で come や go を用いる場合は、要注意です。出発と到着のどちらを指しているのかがあいまいになるからです。

仕事の同僚に、

What time did you go home last night?

と聞かれたら、私はたぶん「オフィスを何時に出たのか」という意味だととらえるでしょうが、「何時に家に着いたのか」と聞かれている可能性も排除できません。

一方、妻に、

What time did you come home last night?

と聞かれた場合は、たぶん「何時に帰宅したの」という質問だと考えるでしょうが、「何時にオフィスを出たの」と聞かれていると解釈できなくもありません。

もしこれが、

When did you come to Japan?

と大まかな時期を尋ねるような質問であれば（しかも答えが「先週」とか「半年前」という場合ならば）、イギリスを出発した時刻と成田に到着した時刻の違いはほとんど無視できるので、come を使ってもなんら不都合はありません。しかし、**出発や到着の時刻を尋ねたいときは、あいまいさを回避するために、come や go 以外の動詞を使うべきです。**

たとえば、妻が私に何時に帰宅したか聞くときには、

What time did you get home?

と言うだろうと思います。そうすることで、到着時間を尋ねていることがはっきりするからです。
　あるいは、

What time were you home?

と尋ねることもできます。これも come と違ってあいまいさのない表現です（私は I was home well before 1. などと答えるでしょう）。
　このように、**出発時間や到着時間を尋ねるときは、come/go (to) よりも「be 動詞＋場所を表わす副詞」を使うほうが普通**です。
　以下、出発時間や到着時間を尋ねる言い方、あるいはそれを相手に知らせる言い方をまとめてみました。

・What time will you be home tonight?*
・I'll be there next Tuesday.
・Can you be here by 2 o'clock?
・When will you next be in Japan?
・I want you (to be) in my office immediately!

（＊注：What time will you be home tonight? と似た言い方に、What time [When] will you be *at* home? がありますが、それだと「何時にご在宅ですか（何時ならお訪ねしてもよいでしょうか）」というまったく別の意味になってしまうので、注意しましょう。）

▶ネイティブが微妙に使い分ける go to と get to

さて、先ほどちょっと触れた get to に話を戻しましょう。これは arrive at/in（着く、到着する）の意味でよく使われます。以下、その例をいくつか挙げます。

- I usually get to work before 8.
- My husband didn't get home till 3 o'clock this morning.
  （注：この home は名詞ではなく場所を表わす副詞なので、to は不要です。）
- What time does your plane get into Narita?
  （注：駅や空港など公共交通機関でアクセスできる場所に対しては、to の代わりに into が使われることがよくあります。）

ただ、get to はこれとは別の意味で使われることもあります。

What's the best way to get to Osaka?
大阪へはどうやって行くのがベストですか？

というような場合です。

日本人はここで get ではなく go を好んで使う傾向がありますが（たぶん「行く」という日本語に引きずられるからでしょう）、英語のネイティブスピーカーは、このような場面ではたいてい get を使います。もちろんこの get to は arrive in（着く）とは違って「行く」の意味です。

ちなみに What's the best way to arrive in Osaka? は変な英語で、日本語で「大阪へはどう着いたらいいですか？」と言うのと同じくらい不自然な言い方です。そんなことを聞いたら、The best way to arrive in Osaka is safely!（そら、無事に着くのがいちばんええんちゃいますか）とからかわれるかもしれません。

では、この get to Osaka という言い方（「到着する」ではなく「行く」の意味）と、go to Osaka という言い方は、何が違うのでしょうか。

結論からいうと、**get to は「目的地に行くまでの過程に何らかの困難が伴う」ことを示す言い方**なのです。

I have to go to Osaka. は単に「大阪へ行く必要がある」というだけのことですが、I have to get to Osaka. というと、「大阪に行くのは大変だが、何としても行かなければ」という意味合いが込められるのです。

たとえば「時間の制約が厳しいけれども行く必要がある」という場合は、

I have to get to Osaka by 9 o'clock.

という表現が適しています（この get to は arrive in と同じ意味とも解釈できますが、have to を伴っているので、「行くのは大変だがどうにかして」という意味合いととらえるほうが自然です）。

「行くすべがない」という場合は、

I'm completely broke, so I don't know how I'm going to get to Osaka.
無一文なので、大阪へ行こうにも行きようがないんです。

などと言えます。要するに、「どうやって行くか」が問われる場面では、話し手の関心は移動の「方向」ではなくむしろ目的地へ移動する「手段」にあるので、go to よりも get to のほうが適切なのです。

たとえば、道を尋ねる場合がそうです。

Excuse me. Could you possibly tell me how to get to Central Park?

行き方がわからないことを相手に説明する場合も、やはり get to を使います。

地下鉄の駅での会話を考えてみましょう。

A: Can I help you?
B: Yes, please. I'm trying to get to Shibuya.

もちろん、こうした場合に go to を使っても十分意味は通じますが、英語のネイティブスピーカーならこの場面では get to を使うのが普通で、go to とはあまり言いません。

これは、単に慣用表現上の問題のように思えるかもしれません。たとえば、日本人なら行き方を聞くときに「すみません、渋谷に行きたいのですが」とは言いますが、「すみません、渋谷に着きたいのですが」とはあまり言いませんね。それと同じで、英語のネイティブスピーカーにとっては、この場合 go to よりも get to を使うほうがナチュラルなのだ、という説明で済ませることもできるでしょう。

しかし、今説明したように、ここで go to よりも get to が選ばれるのにはそれなりの論理的裏付けがあるのです。

たぶん日本語でも、ここで「着きたい」が不自然に感じられるのには何か理由があるに違いありません。たとえば「**4時に渋谷に着きたいのですが**」という言い方ならば違和感はないので、日本語の「着きたい」と「行きたい」の使い分けにも何らかの法則があるに

違いありません。しかしその点については、日本語のエキスパートであるみなさん自身にじっくりお考えいただくとしましょう。

第 **8** 章

奥の深い
bring と take の使い分け

□ 例題：次の文章を英語で表現しなさい。

「つまらないものですが、奥様にお持ち帰りください」
　　↓
［典型的な解答例］
Here's a trifle for you to bring home to your wife. [??]

▶できますか？　bring と take の使い分け

　come と go が移動の向きに応じて使い分けられることはすでに第 7 章で説明した通りですが、bring と take の使い分けもこれに呼応する、というのが私の持論です。

　bring は、話し手や聞き手のいる場所へ何か／誰かを移動させることを表わします。

　これに対し、**take は、話し手や聞き手の居場所以外のところに何か／誰かを移動させる**ことを意味します（話し手の現在の居場所が

移動の出発点になることが多いものの、必ずしもそうとは限りません)。

たとえば飼い犬を呼ぶときは、自分の居場所へ来させるので come, 犬小屋に入れと命じるときは自分の居場所から離れる方向なので go を使います。それと同じ要領で、犬に新聞を持って来させるときは、

Bring me the newspaper.

新聞をごみ箱に捨てさせるときは、

Take it to the dustbin.

です。

そんなこと知ってるよ、とお思いですか？　ならば、次のテストに挑戦してみてください。例文の空白部分に bring と take のどちらか適切なほうを選んで記入するだけです（場合に応じて変化形を使ってください）。どちらもあてはまると思われる場合は両方記入するか、または either と記入してください。

なお、括弧で示した状況説明も正解を出すための重要な情報なので、これをよく読んでから答えてください。

実はネイティブスピーカーのあいだでも、bring と take の使い分けは come と go の場合に比べるとやや揺れがあるようですが、傾向としては一貫しています。みなさんも、まずは腕試しのつもりでやってみてください。

| 練習問題 |

bring と take の使い分け

※ 1 〜 6 は、話し手と相手が同じ家に住む人(夫婦など)という設定。

1. Could you (　　) some bottled water home with you?
   (状況:話し手は今は家にいるか、あるいは外出中であっても、飲料水が届く時点では家にいるだろうと考えている。相手は今買い物をしているか、あとで買い物に行こうと思っている。つまり、相手は今在宅中・外出中の両方の可能性がある。)

2. Could you (　　) some bottled water home with you?
   (状況:1とほぼ同じだが、話し手は外出中で、飲料水が届く頃には自分はまだ帰宅していないだろうと思っている。)

3. Don't forget to (　　) your packed lunch to work.
   (状況:話し手も相手も仕事場にはいない。)

4. ※3からしばらく経ったあと
   Did you remember to (　　) your packed lunch with you?
   (状況:相手はオフィスにいるか、オフィスに向かっている途中。あるいは、いったん着いたあと、すでにオフィスを出ている。話し手はオフィスにいない。)

5. I forgot to (　　) my packed lunch.
   (状況:話し手はオフィスにいる。)

6. I forgot to (　　) my packed lunch.
   (状況:夜になって、話し手はすでにオフィスから帰宅している。)

※7〜13は、話し手と相手は同僚という設定。

7. I haven't quite finished the report yet, but I'll (　　) it to your office as soon as I have.
   (状況：話し手は、レポートを届けるときには相手が［相手方の］オフィスにいるものと考えている。)

8. I haven't quite finished the report yet, but I'll (　　) it to Mr. Steptoe's office as soon as I have.
   (状況：話し手は、自分がレポートを届けるときは、もはや相手はSteptoe氏の研究室にいないと考えている。)

9. I'm glad you (　　) your daughter to the party.
   (状況：話し手はパーティに出席している、あるいは出席していた。)

10. I'm glad you (　　) your daughter to the party.
    (状況：話し手はパーティに出席しなかった。)

11. Would you like to come to Disneyland this weekend? I'll (　　) you if you're free.

12. Why don't you (　　) Mary to Disneyland this weekend?
    (状況：話し手と相手はいっしょにディズニーランドへ行くことに決めている。)

13. Why don't you (　　) Mary to Disneyland this weekend?
    (状況：話し手はディズニーランドに行かないが、相手が行くことは知っている。)

> ※ 14〜16は、話し手と相手は同じ家に住んでいて、その家から出かけようとしているという設定。
>
> 14. It's time we left. (　　) your coat with you.
>
> 15. It's time you left. (　　) your coat with you.
>
> 16. It's time we left. Should we (　　) our coats?
>
> 17. Here's a trifle for you to (　　) home to your wife.

　bringとtakeの使い分けは、comeとgoの場合に比べると、人によって異なる場合がやや多くなります。英語のネイティブスピーカー同士でも、相手のbringとtakeの使い分けが自分とは違うな、と感じる場面がときどきあるのです。

　私自身にもそうした経験がありますが、私の場合は英語を教える職業柄、英語表現が人一倍気になるので、普通の人よりそうした使い分けを強く意識してしまうのかもしれません。

　そこで公平を期すため、アメリカ英語のネイティブスピーカー12人と、イギリス英語のネイティブスピーカー8人にも声をかけ、上記のテストを受けてもらいました（私自身の回答もイギリス人の回答結果に加えたので、イギリス人グループは計9人です）。

　ネイティブスピーカーを対象としたこの調査では、(1) ネイティブスピーカーのあいだでどれだけ回答の不一致が見られるか、(2) 不一致がある場合、そこに何らかのパターンがあるかどうか、(3) 不一致がある場合、英語を学ぶ人はこれをどうとらえたらよいか、の3点を見きわめることをめざしました。

私自身は、たとえネイティブスピーカーのあいだで多少の不一致があったとしても、comeとgoの使い分けと同じ要領でbringとtakeを使い分けるほうが、学習者のみなさんにとってプラスになる、という立場をとってきました。この調査を行なうことで、私のこうしたスタンスの是非も確認できるはずです。

　以下、設問ごとに回答をまとめました。最初に設問を繰り返しますので、下の回答を隠したまま考えてみてください。そのあとに、ネイティブスピーカー回答者の大多数が選んだ答えを太字で示しました。参考までに、bring, take, eitherをそれぞれ選んだ回答者の数も示しています。

　あわせて、設問ごとの場面設定（移動の方向）を分析し、comeを使う場面にはbring, goを使う場面ならばtakeが「正解」になるという仮定に立って、実際に大多数が選んだ回答が、この「正解」とマッチするかどうかを検証しました。結論からいうと、一致率は100％でした。第17問の解説のあとには、参考までに各回答者の答えを一覧表にして、掲載しています。

| 答えと解説 |

※1〜6は、話し手と相手が同じ家に住む人（夫婦など）という設定。

1. Could you (　　) some bottled water home with you?

　（状況：話し手は今は家にいるか、あるいは外出中であっても、飲料水が届く時点では家にいるだろうと考えている。相手は今買い物をしているか、あとで買い物に行こうと思っている。つまり、相手は今在宅中・外出中の両方の可能性がある。）

Could you *bring* some bottled water home with you?
アメリカ人の回答： bring: 12　　take: 0　　either: 0
イギリス人の回答： bring: 9　　take: 0　　either: 0

【解説】ポイントは、飲料水が「移動する方向」です。この例題の設定では、飲料水は最終的には家にいる話し手のもとへ向かうことになります。話し手に向かって誰かがやって来る場合は go ではなく come でしたね。それと同じ要領で、**話し手に向かって誰かが何かを持って来る場合は take ではなく bring** を使います。したがって、ここは bring が正解です。

例：When you *come* home, could you *bring* some bottled water with you?

....

2. Could you (　　) some bottled water home with you?
（状況：1とほぼ同じだが、話し手は外出中で、飲料水が届く頃には自分はまだ帰宅していないだろうと思っている。）

Could you *take* some bottled water home with you?
アメリカ人の回答： bring: 4　　take: 8　　either: 0
イギリス人の回答： bring: 0　　take: 9　　either: 0

【解説】アメリカ人の答えは割れています。しかし、移動の方向によって come と go を使い分けたように、bring と take にもまったく同じ使い分けがあてはまるとすれば、この設問の正解は take 以外にない、と私は考えます。

その前に、come と go の使い分けを復習しておきましょう。た

とえば、私と妻がともに外出していて（出先で別行動中の場合も含む）、彼女のほうが私より帰宅が遅れそうな場合を考えてみましょう。だとすると、彼女は私に、

Don't *go* home without picking up some bottled water at the supermarket.
帰りにスーパーに寄って必ず飲料水を買っておいてね。

などと言うでしょう。ここで come ではなく go を使うのは、話し手である妻の居場所とは違う方向に私が移動するからです。

もし私がまだ家にいて、これから家を出ようとする間際に、すでに外出している妻から電話があって、「遅くなるので帰りがけに飲料水を買っておいてほしい」と頼まれる場合はどうでしょうか？この場合も go を使って、上とまったく同じ言い方をするでしょう。私は今家にいますが、飲料水を買って帰宅するのは妻より先なので、話し手である妻の居場所とは違う方向に移動するからです。

ただし、もし妻のほうが私より先に帰宅しそうな場合なら、妻は Don't *come* home without... というように go ではなく come を使うでしょう。私は妻の居場所へ向かって移動することになるからです。この場合は設問1と同じ状況（飲料水が届く時点で話し手が在宅中）なので、bring/take の選択を考えるなら、bring を使うのが適切です。

さて、設問2ではやや意外なことに、アメリカ人の3分の1が take ではなく bring を選んでいます。不思議に思った私は、bring を選んだ4人のうち3人に理由を尋ねてみました。彼らの答えを総合すると、要するに「家」は自分たちがどこへ行こうと最後に必ず帰って行く場所なので、「家に向かう移動」は「自分のいる場所への移動」とあまり変わらないように思える、ということのようです。

しかし、彼らは come と go についても「家」=「自分の居場所」と見なしているのでしょうか？ そこで、

Don't (　　) home without picking up some bottled water at the supermarket.

という文の空白箇所には come と go のどちらが入ると思うか、と彼らに聞いてみました。

すると、自分が家にいる（あるいは飲料水が届く時点でいると思われる）場合は come で、家にいない（あるいは飲料水が届く時点でいないと思われる）場合には go だ、と全員が答えるのです。bring と take の場合は「家」=「自分の居場所」だと説明していたのに、やや矛盾していますね。

このように、英語のネイティブスピーカーのあいだでも、bring/take の使い分けと come/go の使い分けが一致しない面が多少あるようです。

ちなみに日本人は、他人の家には「行く」と言いますが、自分の家には「行く」ではなく「帰る」と言いますね。これは、日本人が自分の家を広い意味で自我の一部と見なしているからかもしれません。

先に挙げたアメリカ人の少数意見（「家」は自分たちが帰ってくる特別な場所だ、という見方）はこの日本的感覚に近く、日本人のみなさんにはたぶん理解しやすいでしょう。

しかし、英語本来の感覚では、あくまで話し手と相手の居場所を中心に考え、それ以外の場所は「家」も含めてすべて同列と見なすのが普通です。go と come、take と bring の使い分けが日本人にとって理解しにくい原因の一端は、こうした基本的な認識の違いにあるのかもしれません。

3. Don't forget to (　) your packed lunch to work.
   (状況：話し手も相手も仕事場にはいない。)

   Don't forget to *take* your packed lunch to work.
   アメリカ人の回答：　　bring: 0　　take: 11　　either: 1
   イギリス人の回答：　　bring: 0　　take: 9　　either: 0

【解説】話し手と相手の現在いる場所から離れた方向へ移動するわけですから、come/go の二者択一であれば、go が選ばれる場面です。したがって、ここは go に呼応する take が正解です。

   When you *go* to work, don't forget to *take* your lunch.

と言い換えればわかりやすいでしょう。you も lunch も、話し手の居場所から離れる方向に移動するので、go と take が使われるのです。
　ちなみに、話し手と相手がオフィスにいて話している場面なら、take ではなく bring を使って、

   Don't forget to *bring* your lunch (when you *come* to work) tomorrow.

などとなります。話し手の居場所に向かってお弁当が移動してくるからです。
　bring でも take でもよい、と回答したアメリカ人が 1 人いましたが、おそらく設定をよく読まなかったのでしょう。あるいは、私

の状況説明の書き方が不明確だったのかもしれません。このアメリカ人は、話し手が相手と一緒にオフィスに向かっている状況を想像した可能性もあるからです（ちょっとあまのじゃくな人なのでしょうか？）。

その場合は、第14問と同様のシチュエーションになるので、bringが正解となります。私が状況設定で「話し手は相手と一緒にオフィスに向かっているわけではない」と断っておけばよかったのでしょうが、そのときは回答者がそんな状況を想定するとは思いもしませんでした。

しかし、このアメリカ人は、第14問については「どちらでも可」ではなくbringを選んでいます。第14問も、あえて深読みする人ならば（話し手と相手は同じ家から出発するが別々の目的地に向かう場合などを考えて）「どちらでも可」と答えるところでしょう。しかし、この人の回答にはそうした一貫性はありません。したがって最初に想像した通り、この人は設定をよく読んでいなかったと見るほうが妥当かもしれません。

....

4. ※3からしばらく経ったあと
   Did you remember to (　　) your packed lunch with you?
   （状況：相手はオフィスにいるか、オフィスに向かっている途中。あるいは、いったん着いたあと、すでにオフィスを出ている。話し手はオフィスにいない。）

   Did you remember to *take* your packed lunch with you?
   アメリカ人の回答：　　bring: 0　　　take: 11　　　either: 1
   イギリス人の回答：　　bring: 0　　　take: 9　　　either: 0

【解説】bring/take の使い分けの基準が come/go の場合と同じだという前提に立って、まず逆の場合を考えてみましょう。つまり、もし話し手が相手のオフィスにいる場合（あるいはお弁当が運ばれるはずの時間にオフィスにいた場合）はどうでしょうか？

その状況では、正解は bring しかありません。話し手の居場所に向かってお弁当が移動してくるからです。

第7章でも述べた通り、come と go の使い分けは話し手の居場所だけで決まるのではなく、相手の居場所についても考える必要があります。たとえばあなたがハワイにいて、東京にいる私にも遊びに来ないかとメールで誘いかける、という場合を考えてみましょう。

私が「行きたいが仕事が忙しくて行けない」という意味の返事をする場合は、

I wish I could *come*, but I'm afraid I can't take the time off work.

と come を使います。話し手である私から見れば、ハワイへ向かうのは自分の今の居場所から遠ざかることを意味するので、一見すると go のほうが適切に思えます。けれども、**相手の視点から見れば私が接近してくることになるので、come を使うのです**（ただし、この例文で go を使うネイティブスピーカーが皆無とは言い切れません。とはいえ、それがきわめて少数派であることは確かなので、ここで go を使うのは標準的ではないといってよいでしょう）。

この使い分けは、実は文の主語にも左右されます。この点について少し詳しく触れておきましょう。**話し手（I）が相手のいるハワイに向かう場合は、前述した通り come を使います。しかしその一方で、相手（you）がハワイに移動することを表現するときには go を使う**のです。

ちょっとややこしいので、会話文で実例を見てみましょう（日本語訳を併記してしまうと日本語の「行く」「来る」のイメージに惑わされてしまうおそれがあるので、英文だけを見ながら、誰がどちらの方向へ移動するときに come と go を使っているかを、よく見ておいてください）。

A: Hi, Tim. I'm in Hawaii. Why don't you *come* over for a few days?
B: You didn't tell me you were *going* to Hawaii! When did you *go*?
A: At the beginning of the month. Anyway, how about it? Can you *come*?
B: I wish I could (*come*), but there's no way I can take any time off work at the moment. You should have told me earlier that you were *going* – I might have been able to arrange something.

　ここでのポイントは、文の主語と come/go の関係です。**話し手 B 自身が相手 A のいるハワイに向かう場合は、相手 A の視点に立って come を使います。しかし、話し手 B が相手 A の動き（＝ハワイへの移動）を表現する場合には、A が現にハワイにいるにもかかわらず go を使うのです。**

　（注：A がハワイに移動する時点では、A 自身は当然まだハワイに到着していませんから、A は A 自身の居場所とは違う方向に移動していることになります。したがって、話し手 B が相手 A の視点に立って考えても、A は A 自身のいない場所へ向かっているので、選択肢は go しかありません。）

　ちなみに、come を使って When did *you come* to Hawaii? と

表現すると、BもAもハワイにいる、ということが含意された言い方になります。

では、これをbringとtakeにあてはめるとどうなるでしょうか。次のような会話を考えてみましょう。BがAのいるハワイに遊びに行く、と決めたあとのケースを想定しています。

A: When you come over, can you *bring* my green memory stick? I left it on my desk, I think.
B: Sure. Did you *take* your computer?
A: No. I'm using Jim's.
B: Would you like me to *bring* your computer as well?

Bは、**自分自身の移動については、Aの視点からとらえ、Aから見て現在地へ近づく移動なのでbring**を使っていますが（Would you like me to *bring* your computer?）、**Aのハワイへの移動については自分自身の視点からとらえ、自分（B）の現在地から遠ざかる移動なのでtake**を使っています（Did you *take* your computer?）。

一方Aは、BがまもなくハワイにやってくることをA自身（A）の現在地へ向かう移動ととらえて、bringを使っています（Can you *bring* my green memory stick?）。

それでは、もし第三者がAのいるハワイに向かって移動する場合、東京にいるBはこれをどの視点からとらえるでしょうか？

実は同様の例を第7章で紹介したので、それを思い出してみてください。娘を連れてロンドンを訪ねていた妻が、滞在していた知人宅から東京の私に電話をかけてきました。娘はその家から外出したのですが、どうも帰宅が遅くなりそうです。それで妻は、娘が深夜に戻って家の人たちを起こしてしまうと迷惑がかかるのでは、と心配して私に相談してきたのです。

そこで私は、

Well, call her and tell her to *come* back straight away.

と come を使って即答しました。これは、娘の移動の方向(外出先→滞在先の家)を、妻の視点に立ってとらえたからにほかなりません。

これはハワイの例にもあてはまります。もし、A に誘われてハワイに遊びにくることになった別の誰か(たとえば Hiroshi)について話す場合は、B は話し相手である A の視点に立って、Hiroshi の移動を come に相当する接近と見なします。したがって、彼が持参する物については bring を使い、

Do you want me to ask Hiroshi to *bring* anything?
ヒロシにも何か持ってこさせようか?

などと言うでしょう。日本語ならば「ヒロシにも何か持って行かせようか?」というような場面ですね。あるいは、ヒロシと私が一緒にハワイに向かうなら「持って**来させる**」、別々に向かうなら「持って**行かせる**」という使い分けも、日本語ではできるかもしれません。しかし、**英語表現では、話し相手である A の居場所へ何かを移動させる場面であれば、bring を使うのが妥当なのです。**

ここで第4問に戻って考えてみましょう。

私がハワイにいる A にメモリースティックを持って行く、という場合は bring を使いました。同様に、オフィスにいる相手に私が弁当を持って行く場合も bring です。

しかし、**相手(you)が(私のいない)オフィスにお弁当を持って行く場合は、相手が私から遠ざかる移動を意味するので、bring では**

なく take を使って、

Did *you* remember to *take* your lunch?
ちゃんと忘れずにお弁当を持って行った？

などと表現するのが適切です。

この問いに、take と bring のどちらでも OK と答えたアメリカ人（1人）がいますが、この人は全部で5つの設問に両方とも可と答えていて、bring と take の違いにはやや無頓着のようです。彼とは長年の知り合いですが、理解力には何ら不足のない知的な人物です。

そこで、彼の bring と take の使い分けがはっきりしない理由をそれとなく本人に尋ねてみました。すると彼は「僕なんかに英語について聞いてもだめだよ、もう日本に 30 年以上も住んでるから、英語がうまく話せなくなってるんだ」と冗談まじりに言っていました。

とはいえ、第4問に対する彼の答えはあながち無視できません。サンプル数を増やして調査すれば、きっとほかにも同じように答えるアメリカ人は出てくると思われるからです。しかし、今回の調査と同様、こうした人はきわめて少数にとどまると予想されます。したがって英語を学ぶみなさんは、ここでは多数派の意見に従うほうが賢明でしょう。

実際、その意見のほうが理にもかなっています。bring/take と come/go が同じ基準で使い分けられるとすれば、第4問で bring を選ぶのはその法則に反します。たとえば、

Did you remember to *take* your lunch with you when you *went* to work this morning?

という文章で、went の代わりに came を使うアメリカ人は誰もいないはずです（ここでは話し手がこのオフィスにいない、あるいは問題となっている時間にオフィスにいなかった、と想定しています。もし話し手もオフィスにいる場合は、take ではなく bring、went ではなく came となります）。

....

5. I forgot to (　　) my packed lunch.
   （状況：話し手はオフィスにいる。）

   I forgot to *bring* my packed lunch.
   アメリカ人の回答：　　bring: 12　　take: 0　　either: 0
   イギリス人の回答：　　bring: 9　　take: 0　　either: 0

【解説】ここでの移動は（あくまで想像上の移動ですが）、**話し手の現在地に向かう形なので、come と go の二択ならば come が使われる場面です。したがって、これに呼応して bring** が使われます。

   I forgot to *bring* my lunch when *I came* to the office this morning.

とことばを足して考えれば、より理解しやすいかもしれません。

....

6. I forgot to (　　) my packed lunch.
   （状況：夜になって、話し手はすでにオフィスから帰宅している。）

   I forgot to *take* my packed lunch.
   アメリカ人の回答：　　bring: 0　　take: 12　　either: 0

イギリス人の回答：　　　bring: 0　　　take: 9　　　either: 0

【解説】ここで想定されている移動の向きは、**昼間なら話し手に向かう方角だったかもしれませんが、現時点では話し手から離れる**方向になっています。したがって、come と go の二択ならば go が使われる場面なので、それに応じて take を選ぶのが正解です。

I forgot to *take* my lunch when I *went* to the office this morning.

と補足すればよりわかりやすいでしょう。

※ 7 〜 13 は、話し手と相手は同僚という設定。

7. I haven't quite finished the report yet, but I'll (　　) it to your office as soon as I have.
（状況：話し手は、レポートを届けるときには相手が［相手方の］オフィスにいるものと考えている。）

I haven't quite finished the report yet, but I'll *bring* it to your office as soon as I have.

アメリカ人の回答：　　　bring: 8　　　take: 2　　　either: 2
イギリス人の回答：　　　bring: 8　　　take: 0　　　either: 1

【解説】移動の向きは相手に近づく形なので、ここは bring しかないと思うのですが、どういうわけかアメリカ人のうち 2 人は take を、別の 2 人は両方とも可を選びました。そこで take を選んだ 2

人に次の文章を見せて、come と go のどちらが適切かと聞いてみました。

I'll (　　) to your office at 2 o'clock.
(注：ここでは相手が2時にオフィスにいると想定しています。)

　結果は2人とも come を選んだので、ひとまずほっとしました（もし go が選ばれるようなら、come/go についての項も書き直す必要が出てくるので、ちょっと肝を冷やしました）。とはいえ、彼らがなぜ第7問で take を選んだかはまだ説明がつきません。

　そこで、ここで take とすると理屈に合わないこと、アメリカ人のうち8人が bring を選んでいることなどをやんわりと指摘したところ、問題を読んで最初に頭に浮かんだ答えを選んだだけで、あまり深く考えていなかった、という回答が返ってきました。

　ネイティブスピーカーがぱっと思いつく答えを知りたい、というのがそもそもこの調査の趣旨だったので、それには合致しているのですが、どうやら状況設定の説明文を読むうちにかえって回答の自発性が妨げられてしまった面があるようです。もし第7問で想定しているような状況にこの2人を置いて、問題文だけを見せたなら、おそらく2人とも bring を選ぶのではないかと思われます。

　どちらも可、と答えた2人にはあえて説明を求めませんでした。2人とも知り合いの知り合いだったので、あまりしつこく聞くのははばかられたからです。

8. I haven't quite finished the report yet, but I'll (　　) it to Mr. Steptoe's office as soon as I have.
　（状況：話し手は、自分がレポートを届けるときは、もはや相手は Steptoe

氏の研究室にいないと考えている。)

I haven't quite finished the report yet, but I'll *take* it to Mr. Steptoe's office as soon as I have.

アメリカ人の回答：　　bring: 0　　take: 12　　either: 0
イギリス人の回答：　　bring: 0　　take: 9　　either: 0

【解説】移動先は話し手と相手のどちらとも違う方向なので、come と go の二択ならば go が使われる場面です。したがってこれに呼応する take が正解となります。

I'll *take* the report with me when I *go* to his office.

と言い換えればわかりやすいでしょう。

....

9. I'm glad you（　　）your daughter to the party.
（状況：話し手はパーティに出席している、あるいは出席していた。）

I'm glad you *brought* your daughter to the party.
アメリカ人の回答：　　brought: 12　took: 0　　either: 0
イギリス人の回答：　　brought: 9　　took: 0　　either: 0

【解説】話し手も相手もパーティに出席している（いた）わけですから、移動の方向は話し手・相手の両方に向かっている（いた）ことになります。この場面で come と go のどちらかを使って表現するとしたら、判断材料となるのは、話し手がその場にいる（いた）かどうか、という事実だけです。その時点でパーティがすでに終わっ

ているかまだ続いているかは、come/go の選択とは無関係なのです。

話し手がパーティに出席している（していた、する予定がある）以上、第三者がパーティに来るかどうかは come を使って表現することになります。

- Are you *coming* to Carol's party?
- Isn't Yoko here? I thought she was *coming*.
- I don't know whether Shaun *came* to Carol's party last night.
- I didn't see him there.

また、**話し手自身がパーティ会場に向かって移動する状況を表現するときは、go を使います**（ただし、話をする時点で話し手が実際にパーティに出席している場合には come です）。

- *I*'m going to Carol's party on Saturday. Are *you* coming?
- *I* went to Carol's party last night, but *my wife* didn't come.

ただし、同じく**話し手自身がパーティ会場へ向かう状況を表現する場合でも、話す相手がパーティのホストならば、go ではなく come** を使います。

- *I* can *come* to your party on Saturday – my wife has given me permission!
- I'm really glad I could *come* to your party last night – it was great fun!

これはなぜかというと、英語ではすでに見てきた通り、**話し手自**

身(および第三者)が相手方向に移動することを表現する場合には、相手の視点に立ってとらえるのが通例**だからです。

ただしこの2つの例文(*I'm* going to Carol's party on Saturday. Are *you coming*? / *I* went to Carol's party last night, but *my wife* didn't *come*.)では、どちらも後半に go を使っても間違いではありません。(Are you *going*?/...but my wife didn't *go*.)

2例とも、come のほうがより一般的であることは確かですが、話し手の状況認識次第では、go が使われることもあるのです。たとえば最初の例文の後半に go を使って Are you going? と言うと、話し手がパーティに相手を積極的に誘う気がない、という感じを表現することができます。もし誘う気持ちが強ければ、Would you like to come? のように come を使って表現するでしょう。

上の Are you going? という英語表現は、日本語で言い換えるとすれば「(私は仕方なく行くんだけど)あなたはどうするの、行く?」という意味合いです。これに対し、come を使った表現のほうは「いっしょに行かない?」と積極的に誘う感じです。

ただし、そもそも話し手自身に出席する意思がなければ、come は使えません。自分が現在あるいはパーティが開かれるときに会場にいない限り、come と相手に誘いかけることは論理的に不可能だからです。

しかし、たとえばパーティが大規模で、出席しても話し手と相手が会う可能性は低い場合、話し手は相手が自分に向かって移動してくるかどうかをあまり意識しないかもしれません。とすると、話し手は無意識のうちに go を選んで話すことになるでしょう。

では、2つ目の例文(*I went* to Carol's party last night, but *my wife* didn't *come*.)はどうでしょうか? 引き合いに出されているのが話し手の妻ですから、どんなに大規模なパーティでも奥さ

が来ればたいていは同席することになるので、自分に向かう移動と見なして come を使うケースがほとんどかとは思いますが、奥さんとの関係次第では go があてはまる場合も皆無とは言い切れません。

このほかにも、次のような場合には go が選ばれる可能性があります。たとえば先ほど挙げた2つの例文（*I'm going* to Carol's party on Saturday. Are *you coming*? / *I* went to Carol's party last night, but *my wife* didn't *come*.）では、後半の動詞は省略されてもおかしくありません。

・I'm going to Carol's party on Saturday. Are you?
・I went to Carol's party last night, but my wife didn't.

普段こうした省略形をよく使い慣れている人は、省略されている動詞を補う場合に、go を選ぶことが多いと考えられます。

以上はささいなことかもしれませんが、読者のみなさんから「ネイティブの〜さんはこの例文で go も使えるって言ってましたよ」などとお叱りを受けないよう、あえて説明を加えた次第です。

さて、以上述べてきた come と go に関するコメントは、実は bring と take の使い分けにもあてはまります。

話し手が発言時点でパーティ会場にはいない場合、話し手自身による会場方向への移動を表わすには go と同様に take も使われるのです（ただし後者は一緒に何かを持って［あるいは誰かを連れて］行く場合に限られます）。

・*I'm thinking of taking* some beer to the party rather than wine.
・*I didn't take* anything to the party last night.

反対に、**話し手が発言時点でパーティ会場にいる場合は、話し手自身による会場方向への移動は come あるいは bring で表現されます**（これも後者が使われるのは同伴物／同伴者がある場合だけです）。

I've *brought* a bottle of wine.

話し手がパーティのホストに話しかけている場合、話し手自身（および第三者）の相手方向への移動（相手に近づくこと）は相手の視点に立ってとらえるのが慣例なので、come/bring で表現されます。

- *I*'ll *bring* a case of beer.
- *Hiro* told me he's going to *bring* his girlfriend.
- Have you opened the present *I brought* to your place last night?

　話し手がこれから開かれるパーティに出ようと思っている場合や、終了したパーティに参加していた場合を考えてみましょう。**パーティ会場の方向に、自分でも会話の相手でもない誰か（第三者）が移動することは come で表現しますが、その第三者に同伴物／同伴者がある場合は同様に bring で表現します。**

- Are *you* going to *bring* a bottle of wine to the party?
- *Jack* didn't *bring* anything to the party last night.

　ただし、come/go の選択でもそうでしたが、話し手の状況認識（パーティの規模や参加意欲など）によっては、bring ではなく、take が使われることもあります。

・Are *you* going to *take* a bottle of wine to the party?
・*Jack* didn't *take* anything to the party last night.

心理学者なら、こうした場合に話し手がbringとtakeのどちらを選んだかで、その人の心情まで見抜いてしまうかもしれません。

なお、**話し手が発言時点でパーティ会場にいる場合、第三者が誰か／何かを同伴してやってくる動きは、必然的にtakeではなく、bringで表現されます。**

・Have *you brought* your guitar?
・*Jack and Jill* have *brought* their baby, I see.

....

10. I'm glad you (　　) your daughter to the party.
（状況：話し手はパーティに出席しなかった。）

I'm glad you *took* your daughter to the party.
アメリカ人の回答：　　brought: 0　　took: 12　　either: 0
イギリス人の回答：　　brought: 0　　took: 9　　either: 0

【解説】これは第4問（Did you remember to take your packed lunch with you?）と類似していますが、第4問で「どちらも可」と答えたアメリカ人はここではtakeを選んでいます。なぜでしょうか？

英語の話し方を忘れてしまったからだ、という彼の主張はさておいて、こういうことも考えられます。第4問と第10問の違いは、第4問では質問の時点で相手がまだオフィスにいる可能性がある、という状況設定であるのに対し、第10問では相手が質問の時点で

パーティ会場にいるかどうかが明確にされていなかった、という点です。

もし私が第10問の状況設定で「まだパーティは続いており、話し手から電話を受けた相手はその時点でパーティ会場にいる可能性もある」と明記していたならば、このアメリカ人は第10問についても第4問と同じく「どちらも可」と回答していたかもしれません。

しかし、仮にそのような状況設定を示した場合でも、ほかの11人のアメリカ人はやはり take を選んだでしょう。なぜなら、これは come と go で考えれば go が選ばれる状況だからです。

次のように言い換えれば、わかりやすいと思います。

I hear you *went* to Carol's party and that you took your daughter.

第9問と同様、ポイントは話し手がパーティ会場にいるかどうかです。**話し手が(未来、現在、過去に)会場にいる場合は come, いない場合は go** となります。以下は、いずれも話し手が会場にいない場面なので、go で表現しています。

・Are you *going* to Carol's party?
・[On the phone] Isn't Yoko there? I thought she was *going*.
・Did Shaun *go* to Carol's party last night? Yoko told me she didn't see him there.

....

11. Would you like to come to Disneyland this weekend? I'll
    (   ) you if you're free.

Would you like to come to Disneyland this weekend? I'll *take* you if you're free.

アメリカ人の回答：	bring: 0	take: 11	either: 1
イギリス人の回答：	bring: 0	take: 9	either: 0

【解説】最初の文では come が使われているのに、すぐあとの文ではそれに呼応する bring ではなく take がきていますね。これはどうしたことでしょうか？

まず前半の文では、話し手がすでに行くと決めている場所へ相手を誘っています。したがって、すでに第7章で説明した通り、ここは go ではなく come になります。

ただし、come と go の選択は主語にも依存することを思い出してください。文の主語が you ではなく we（または I）だった場合は、動詞は go になるはずです。

Why don't we *go* to Disneyland this weekend?
(I'm *going* to Disneyland this weekend. Why don't you *come*?)

さて、では後半の文章（I'll *take* you if you're free.）ではなぜ take が選ばれるのでしょうか？ それは、移動の向きが話し手と相手のどちらの居場所からも遠ざかる方向になるからです。つまり、話し手は会話の相手の方向に近づくのではなく、2人ともディズニーランドという、2人が現在いる場所から離れたところに行こうとしているからです。

なお、相手をテーマパークやレストランなどに連れて行ってあげようか、と誘う場合に take を使うと「私がおごるから」という意味合いが濃厚になりますので、念のためご注意ください。

また、「私が誰かをどこかに連れて行く」という意味で bring が

使えるのは、(1) 同伴者が話し相手以外の人であって、(2) しかも行き先が相手の居場所（ないし未来の居場所）である場合だけです。

Would you like me to *bring* Bill to your place on Saturday? I don't think he knows the way.

同様に、「私が何かを持って行く」という意味を bring で表現できるのも、行き先が相手の居場所（ないし言及されている将来時点での居場所）である場合に限られます。

I'll *bring* a bottle of champagne to your house on Saturday.

そういえば、第7問もこの例文と同じような状況設定でしたね。
　この第11問でも、take と bring の両方とも可、と答えたアメリカ人が1人いましたが、彼は書面で「最初の文に come と書かれているので、話し手はすでにディズニーランドに来ているのだろうと考えた」と説明しています。ですがもしそうなら、話し手はどうやって相手をディズニーランド（話し手の居場所）に bring できるというのでしょうか？　誰かをどこかに連れて行く、という意味で bring という動詞を使う場合は、その誰かを伴ってその場所に行くことを意味しますが、すでに話し手は行き先にいるのですから、分身の術でも使わない限り物理的に不可能です。
　おそらくこの回答は、クイズ形式に惑わされて深読みし過ぎた結果でしょう。したがって実質的には、全員一致で take を選んだと見なしてもよいと思います。ここでは bring の示す行為が物理的に不可能であること、最初の文は単に話し手が相手に誘いかけているだけであることを説明したならば（実は最初から自明なのですが）、このアメリカ人も納得して答えを変えるのではないでしょうか。

やはりこれも、回答者が問題文を考え過ぎて自発的な答えから遠ざかってしまった例と言えるかもしれません。

....

12. Why don't you (　　) Mary to Disneyland this weekend?
（状況：話し手と相手はいっしょにディズニーランドへ行くことに決めている。）

Why don't you *bring* Mary to Disneyland this weekend?
アメリカ人の回答：　　bring: 11　　take: 0　　either: 1
イギリス人の回答：　　bring: 9　　take: 0　　either: 0

【解説】話し手が行くことを決めている場所へ誰かを誘う場合、come を使うことはすでに述べた通りですが、**一緒に行く相手にさらに別の人を連れてくるよう誘う場合も come を使います。**

たとえば私と妻が映画に行くことになり、妻に「お姉さん（教子さん）も誘ったら？」と持ちかける場合はこう言います：

How about asking *Noriko* if she'd like to *come*?

第12問の文章は、仮に相手がまだディズニーランドへ行くかどうか決めていない場合でも、話し手自身がすでにディズニーランドへ行くつもりになっていれば、

Why don't you *come* to Disneyland this weekend and *bring* Mary with you?

のように使うことができます。ここでも come と bring の使われ

方は呼応しています。

　ちなみに bring/take の使い分けは、come/go の場合と同じように主語に応じて変化します。以下の2つの例文は、意味はほとんど同じですが、主語が Mary か we かに応じて、違う動詞を使った表現になっています。

Why don't *we go* to Disneyland this weekend? *Mary* could *come*, too.
週末にディズニーランドへ行かない？　メアリーも［連れて］来たって／呼んだって／誘ったっていいのよ。
Let's *go* to Disneyland this weekend. *We* could *take* Mary as well.
週末にディズニーランドへ行こうよ。メアリーも連れていったっていいし。

　なお、多くの質問に「どちらでも可」と答えている例のアメリカ人は、この第12問でもその答えを選んでいます。しかし、話し手と相手の両方が行こうとしている場所へ第三者も連れて行く場合は、主語が you であればこのアメリカ人も含めて take を使うネイティブスピーカーはいないと思うのですが……。

....

13. Why don't you (　　) Mary to Disneyland this weekend?
（状況：話し手はディズニーランドに行かないが、相手が行くことは知っている。）

　Why don't you *take* Mary to Disneyland this weekend?
　アメリカ人の回答：　　bring: 0　　　take: 12　　　either: 0

イギリス人の回答：　　　bring: 0　　　take: 9　　　either: 0

【解説】第10問と同じく go に呼応するので、take を使うのが正解です。

When you *go* to Disneyland this weekend, why don't you *take* Mary with you?

※ 14〜16は、話し手と相手は同じ家に住んでいて、その家から出かけようとしているという設定。

14. It's time we left. (　　) your coat with you.

It's time *we* left. *Bring* your coat with you.
アメリカ人の回答：　　　bring: 9　　　take: 1　　　either: 2
イギリス人の回答：　　　bring: 8　　　take: 0　　　either: 1

【解説】第14問から16問にかけては、アメリカ人の答えにややばらつきがありました。イギリス人の回答がほぼ一致していたのが救いとなりましたが、なぜアメリカ人のほうには不一致が出たのでしょうか。一部には、テストという形式がもたらした弊害もあったかもしれません。引っかけ問題ではないか、という警戒心が出て考え込んだ挙げ句に、最初に頭に浮かんだ答えとは違うものを選んでしまった、ということもありえるのです。

たとえば第14問と第16問は、一見すると似ています。ネイティブスピーカー回答者は、この2つの問題に対してまずは本能的に違う動詞を選ぼうとするでしょうが、「同じような問いなのになぜ違う答えになるんだろう」と怪訝に思い始めた人は、考え過ぎて自発

的な答えとは違うものを選んでしまうかもしれません。

　それでも、第14問でbringを選んだアメリカ人は12人中9人に上り、takeだけを選んだ人は1人にとどまっていますので、勢力関係は明らかでしょう。

　第14問と第16問は一緒に解説したほうがよいと思いますので、説明は第16問のあとにまとめることにします。

　第15問はそれほど問題がなかったので、まずそちらを見てみましょう。

・・

15. It's time you left. (　　) your coat with you.

　It's time *you* left. *Take* your coat with you.
　アメリカ人の回答：　　bring: 0　　take: 11　　either: 1
　イギリス人の回答：　　bring: 0　　take: 9　　either: 0

【解説】こちらははるかに理解しやすい問題で、ほぼ全員の回答が一致しました。移動の方向は話し手と相手の双方の居場所から遠ざかる向きで、しかも話し手自身は移動しない設定なので、アメリカ人の回答者のみなさんも特に深読みはしなかったようです。「どちらでも可」が大好きな例の彼でさえ、ここはtakeを選んでいます。

　ここでは別の人が「どちらでも可」を選んでいますが、理由はわかりません。問題文にwith youとあるので引きずられたのでしょうか。前の第14問にもwith youがあり、この人はそちらではbringを選んでいるので、それに惑わされた可能性があります。

・・

16. It's time we left. Should we (　　) our coats?

It's time *we* left. Should we *take* our coats?
アメリカ人の回答：　　bring: 1　　　take: 7　　　either: 4
イギリス人の回答：　　bring: 0　　　take: 9　　　either: 0

【解説】第14問と第16問で多数意見と食い違いを見せたのは、それぞれアメリカ人1人だけでしたが、同一人物ではなかったため、単なる個人の気まぐれと片づけるわけにもいきません。とはいえ、サンプル数の少なさを割り引いても、英米ネイティブスピーカーのうち大多数は第14問でbringを、第16問でtakeを選ぶ、という結論は導けると思います。

第14問のところで触れた通り、もし前後の似た設問で違う動詞を選びそうになって戸惑う、という状況をなくし、あくまで直感的に回答できる環境を整えておけば、多数派はより増えるものと思われます。

イギリス英語のネイティブスピーカーに関しては、仮に数千人をテストしてもほぼ100%近くが私と同じ回答を選ぶだろうと考えています。違う回答が出るとしたら、状況設定をよく把握していないか、理解力不足、あるいはその両方が原因でしょう（ただしこの主張の根拠としては、9人のイギリス人の答えが全員一致していることと、私自身がイギリスで生まれ育っていることしか挙げることはできませんが……）。

第14問から16問にかけては、いずれも話し手と相手の現在位置から離れる方向に移動が行われます。とすれば、一見するとtakeを使うのが筋のように思えます。第15問についてはその理屈通りでtakeが正解です。しかし、第14問と第16問の答えが違うことについてはどう考えたらよいでしょうか？

そのカギは、各問題文の後半にあります。第14問では後半部分で想定される主語がyouであるのに対し、第16問ではweが実際の主語となっています。そのことに気づけば、第14問はcomeを使う状況に、第16問はgoを使う状況に呼応することがおわかりでしょう（もちろん第14問では話し手と相手は同じ目的地に向かっていると想定しています。ほんとうは最初にそのことを明確にしておくべきだったかもしれません）。

しつこいようですが、come/goの使い分けとbring/takeの使い分けは、どちらも主語に依存するのです。

- *I*'m *going* to Mt. Takao tomorrow. Why don't *you come* along? *You* can *bring* your sister, if you like.
- Shall *we go* to Mt. Takao tomorrow? *We* could *take* a picnic.
- It's time *we went*. What are you doing? Are *you coming* or not?
- For heaven's sake hurry up, or we'll be late. And don't forget to *bring* your coat!

とすれば、第14問ではcomeに呼応してbringを、第16問ではgoに呼応してtakeを使うのが正解です。説明はこれで十分でしょう。

....

17. Here's a trifle for you to (　　) home to your wife.

Here's a trifle for you to *take* home to your wife.
アメリカ人の回答：　　bring: 0　　take: 11　　either: 1
イギリス人の回答：　　bring: 0　　take: 9　　either: 0

第17問は、この章の冒頭の例題と同じです。正解が take であることは、この回答データを見てもほぼ間違いなさそうです。bring が正しいと思ったみなさんは、アメリカ人の回答者の中に 1 人（8.3％）どちらでも可だと答えた人がいることを多少のなぐさめとしてください。ただしこの人は「英語がうまく話せなくなった」と自分で言っていますが……。

論理的に考えると、正解は take しかないと思われます。bring が使えるのは、(1) こう発言した時点で話し手が相手の家にいる場合か、(2) 相手に渡した贈り物が届くときに話し手が相手の家にいる場合しかありません。しかし (1) は不可能ですし、(2) も可能性はきわめて低いでしょう。

もし後者があてはまる（相手の奥さんを訪問する予定でいる）なら、何も相手に贈り物を託さずとも自分で持って行けばよいのです（何か特殊の事情でもあるなら別ですが……あまり深く詮索するのはやめておきましょう！）。

参考までに、各回答者がそれぞれの質問にどう答えたかを以下の表に示しました。

設 問	1	2	3	4	5	6	7	8	9	10	11	12	13	14	15	16	17
Am 1	b	t	t	t	b	t	b	t	b	t	t	b	t	b	t	e	t
Am 2	b	t	t	t	b	t	b	t	b	t	t	b	t	b	t	b	t
Am 3	b	t	t	t	b	t	t	t	b	t	t	b	t	b	t	t	t
Am 4	b	t	t	t	b	t	b	t	b	t	t	b	t	e	t	t	t
Am 5	b	b	t	t	b	t	b	t	b	t	t	b	t	t	t	t	t
Am 6	b	t	t	t	b	t	b	t	b	t	t	b	t	b	e	t	t
Am 7	b	b	t	t	b	t	b	t	b	t	t	b	t	b	t	t	t
Am 8	b	t	e	t	b	t	b	t	b	t	t	b	t	b	t	e	t

Am 9	b	b	t	e	b	t	t	b	t	t	e	t	e	t	e	e
Am 10	b	t	t	t	b	t	e	t	b	t	t	b	t	b	t	t	t
Am 11	b	b	t	t	b	t	e	t	b	t	e	b	t	b	t	t	t
Am 12	b	t	t	t	b	t	b	t	b	t	t	b	t	b	t	e	t
Br 1	b	t	t	t	b	t	b	t	b	t	t	b	t	b	t	t	t
Br 2	b	t	t	t	b	t	b	t	b	t	t	b	t	b	t	t	t
Br 3	b	t	t	t	b	t	e	t	b	t	t	b	t	b	t	t	t
Br 4	b	t	t	t	b	t	b	t	b	t	t	b	t	e	t	t	t
Br 5	b	t	t	t	b	t	e	t	b	t	t	b	t	b	t	t	t
Br 6	b	t	t	t	b	t	b	t	b	t	t	b	t	b	t	t	t
Br 7	b	t	t	t	b	t	b	t	b	t	t	b	t	b	t	t	t
Br 8	b	t	t	t	b	t	b	t	b	t	t	b	t	b	t	t	t
Br 9	b	t	t	t	b	t	b	t	b	t	t	b	t	b	t	t	t

凡例：Am = アメリカ人回答者、Br = イギリス人回答者、t = take, b = bring, e = either (どちらも可)

　ご覧の通り、アメリカ人の回答には多少のばらつきがあるのに対し、イギリス人の回答はほぼ完全といっていいほど一致しています。第7問と第14問で either を選んだイギリス人がそれぞれ1人ずついましたが、それ以外はすべて同じ答えでした。

　アメリカ人の回答も、不一致の度合いがそれほど高いわけではありません。12人中8人は、17問中16問で多数派と同じ回答をしています。多数派と違う答えが17問中2問だったのは12人中2人、違う答えが3問あったのは1人、違う答えが7つあった人が1人でした（彼はそのうちの5問で either を選んでいます）。

　回答に不一致があった22例のうち、14例は「どちらでも可」（either）という消極的な不一致で、多数派の答えとまっこうから対立しているわけではありません。

答えの不一致が顕著だった設問は17問中4問、すなわち第2問（多数派と反対の回答が4件）、第7問（多数派と反対の回答が2件、eitherが2件）、第14問（多数派と反対の回答が1件、eitherが2件）、第16問（多数派と反対の回答が1件、eitherが4件）でした。

　そのほかの設問のうち、6問については各1人だけが不一致（うち3問は同じ人物で、この人は全部で7問に多数派と違う回答を出しています）、7問が全員一致、という結果でした。

　もしこうした不一致に何らかのパターンがあるとすれば、不一致の程度が大きい第2, 7, 14, 16問について検討するのが妥当と考えられます。

　まず、第2問（Could you [take] some bottled water home with you?）を振り返ってみましょう（話し手は外出中で、飲料水が届く頃には自分はまだ帰宅していないだろうと思っています）。

　4人のアメリカ人がtakeではなくbringを選んだ理由についてはすでに説明しましたが、念のため繰り返しておきましょう。彼らは、「家」は自分たちがどこへ行こうと最後に必ず帰って行く場所なので、「家に向かう移動」は「自分のいる場所への移動」と同じである、ととらえたのです。

　ただし、同様の場面でgoとcomeの選択問題を出してみると、彼らは全員goを選んでいますから、上の理屈とはかみ合いません。とはいえ、アメリカ人の一部には、「家」へ何か／誰かを移動させる場合に（comeとgoの二択ならどちらを使う場面かはさておき）bringを用いる傾向がある、という可能性は捨てきれません。これについては、サンプル数を相当増やして調査しない限り、明確な答えは出せないでしょう。

　次に、第7問（I haven't quite finished the report yet, but I'll [bring] it to your office as soon as I have.）を見てみましょう。話し手は、レポートを届けるときには相手が［相手方の］オフィス

にいるものと考えています。

　話し手自身が相手に向かって移動する設定となっているのは、この第7問だけです。話し手が相手に向かう場面ではcomeを使うのが当然ですから、それと同じ状況でbringとtakeのどちらかを選ぶとしたら当然bringしかない、と私は考えていました。したがって、これと同じ設定の設問は1つで十分、と思ったのです。

　ところが、実際にテストしてみると、アメリカ人の回答者のなかにはcome/goとbring/takeのリンクを意識していない人もいるようだ、ということがわかりました。そこで文献を調べてみると、**アメリカ英語ではbringとtakeの使い分けを「移動の方向が話し手自身に向かうか話し手から離れるか」だけで判断している**、という内容の記述が複数見つかりました。

　しかし、アメリカ人のネイティブスピーカーたちとひんぱんに話をしてきた私の経験から言うと、実際に彼らがbringとtakeを使い分ける判断材料としているのは、それだけではないようです。今回の調査でも、第7問でtakeを選んだアメリカ人は2人だけでした（このほかeitherを選んだアメリカ人が2人）。つまり、話し手が相手に向かって移動する場合には、takeよりもbringを選ぶアメリカ人のほうが多かったのです。

　この点についてはさらに検証が必要でしょうし、もし今後私が追加調査を行なうとしたら、相手に向かって移動する状況での設問をもっと増やすことになるでしょう。なお、この設問でeitherを選んだイギリス人回答者が1人いたことに私は驚きましたが、それが何と私の娘だったので、二度びっくりでした。

　さて、第14問（It's time we left. [Bring] your coat with you.）と第16問（It's time we left. Should we [take] our coats?）についてはどうでしょうか。この2つの問題文は確かに一見似通っていますが、イギリス人回答者はほぼ全員が同じ答えを出

していることを考えると、この類似性が迷いを生んだ、と考えるのにはちょっと無理があるようです。

アメリカ人の回答の不一致がより目立ったのは第16問のほうでした。この場面設定は、話し手と相手が一緒に移動しようとしている、というものです。これと同じ設定は、今回の設問のなかではほかに第11問（Would you like to come to Disneyland this weekend? I'll [take] you if you're free.）しかありませんが、第11問のほうではアメリカ人回答者も1人を除いて「正しい」答えを出しています（1人だけeitherを選んでいますが、その説明はあまり筋の通るものではありませんでした）。

ただ、第11問は第16問とかなり設定が異なっています。第11問では、話し手のほうが移動の主体で、相手はいわば話し手に運ばれる「対象物」のような存在です。そう考えるならば、たとえこの設問のように主語がweで、移動の方向が話し手・相手双方の居場所から遠ざかる方向であっても、もしかしたらアメリカ人のなかには、これをtakeではなくbringで表現すべきだ、と思う人もいるかもしれません。ただしこれはあくまで推測で、実際にそういう傾向が見られるかどうかは、さらに調査しないと何とも言えません。

今回の調査結果で、おそらく最も重要と思われるポイントは、英米人回答者の大多数が選んだ回答が、come/bringとgo/takeの使い分けの一致という観点から導かれる「正解」とすべて同一だった、という点です。これを実際の英語教育に応用するとしたら、「bring/takeはcome/goの使役形である」と教えればよいのではないでしょうか。つまり、移動の方向から見て、comeが使われる場面ならば、その使役形はbringであり、同じくgoが使われる場面であれば、その使役形はtake、と覚えさせるのです。

この4つの動詞の違いと関連性については、英文法の参考文献にはほとんど記述がなく、あってもごく簡単に触れられているに過

ぎません。しかし、外国語を学ぶ上では、関連する語をペアにして覚えるのがきわめて有効、と私は考えています。come, go, bring, take に限らず、いろいろな単語同士の違いや関連性を把握することは、英語の学習指導効果を高める上で、さらに研究を要する課題だと思われます。

　この調査結果が、確定的というにはほど遠いものであることは、私自身も十分承知しています。第一に、回答者数（サンプル数）が比較的少数です。第二に、アメリカ英語とイギリス英語のネイティブスピーカーのみを対象としたので、調査範囲が限定されている、という問題もあります。そのほかの国の英語ネイティブスピーカーがこのテストを受けたとしたら、どんな結果が出るか興味深いところです。

　ただし、その場合も、全体としてあまり大きな違いは生じないかもしれません。カナダ人の回答は、アメリカ人と同レベルの不一致を示すでしょうし、オーストラリア人は、おそらくイギリス人のように一貫した答えを出すでしょう。

　第三の問題点は、回答者がいずれも知的で教育レベルの高い国際人ばかりだった、という点です。多くは大学講師ですが、ほかにビジネスパーソンが数人、弁護士が2人、学生が1人含まれています。仮により多彩な社会経済的・地理的背景を持つネイティブスピーカーを対象に大規模な調査を行なったとしたら、bring と take の使い分けには、より大きなばらつきが出てくることでしょう。

　この調査には以上のような制約があり、結果を見ると、一部の英語ネイティブスピーカーのあいだで多少の不一致があります。しかしいずれも、私が持論とする「移動の方向という観点から見た場合に、bring と take の使い分けが come と go の使い分けに呼応する」という見方を覆すほどのものではありません。したがって、この見方は依然として妥当性を失っていない、と考えてよいでしょう。

もちろん、いろいろなネイティブスピーカーが書いたり話したりする英語を見ていけば、ほかにもこれと一致しない例は出てくるに違いありません。しかし、使える英語を正しく学びたいと考えるみなさんにとって特に大切なのは、そうした個々の例外に目をやる前に、まず大局的な英語の規則性をつかもうとする姿勢ではないかと思います。

▶ bring/take のまとめ

　本書を執筆中に、come と go, bring と take の使い分けをどう説明したらいいか悩んでいる、と当時の同僚に話したところ、彼女も外国に留学してはじめてこの問題のむずかしさに気づいた、とのことでした。彼女自身も、留学当時はこの使い分けを間違えることがよくあって、日本人には理解しづらい問題だと実感した、というのです。

　実は私自身も、本項を書き始めるまではこのテーマの本当のむずかしさに気づいていませんでした。どの言語でもそうですが、ネイティブスピーカーから見れば当たり前のように思えることでも、いざその言語を学んでいる人たちに説明しようとすると、問題が思いのほか複雑であることに気づく場合が少なくないのです。

　この項で示した多くの例文や解説が、come/go や bring/take の複雑な使い分けを整理する上で少しでも役立てば幸いです。

　ことばの用例には、例外的なものも必ず出てきます。これをすべて網羅的に説明するのは不可能に近いでしょうし、そんな説明を試みればかえって話がややこしくなる場合もある、ということは私も十分承知しています。

　しかし、私は英語の文法や用法について書く際には、規範的

(prescriptive）ではなく記述的（descriptive）な考え方に従うことを基本としています。つまり、はじめに文法規則ありきで考えるのではなく、まず実際の言語の使われ方を記述し、そこから規則性を導き出す、というアプローチです。

英語というのは、一見すると非論理的なことばであるかのような印象を受けますが、私は日本で英語に関する本を何冊か書くうちに、むしろ英語がいかに論理的で一貫性のある言語かをますます強く感じるようになってきました。多くの場合、論理性に欠けるのは英語そのものではなくネイティブスピーカーのほうなのです。

私が書く本は、英語を外国語として学ぶ人を対象としているので、単に英語の用例を羅列するよりも、その論理的整合性を示すほうが読者にとって有益だろうと考えています。そのため、ときには私の説明が規範的と映る場合もあるかもしれませんが、ご容赦ください。

▶つまらないもの

私が「つまらないもの」という表現を最初に知ったのは、授業で英語を教えているときで、それもかなり以前のことです。当時使っていた和文英訳の教科書に、この項の標題に挙げた文章と同様の例題が載っていたのです。教師用マニュアルの模範英訳に trifle の語が使われているのを見て、私は思わず吹き出しそうになってしまいました。

trifle には「重要性が低く意義や価値が薄いもの」という意味もありますが（その意味ではめったに使われません）、「スポンジケーキにゼリー、フルーツ、カスタードを乗せたデザート」という意味もあり、その掛けことばの妙が、若かった私にはおかしくてたまりませんでした。

誰かに trifle を贈る、というと、まるでオムレツやゆでたてのスパゲティーを贈り物として人にあげるような、何とも場違いでこっけいな印象になってしまうのです。

　しかもこのトライフルというデザートは、私が 20 代の頃にはすでに古風なものになっていました。祖母はよく作ってくれましたが（おいしかったのでよく覚えています）、母はめったに作らず、私の妹たちはたぶん一度も作っていないと思います。妻も作りません（これは彼女が日本人だからかもしれませんが）。

　それに、トライフルはイギリス以外ではあまりポピュラーではないようなので、イギリス人以外の英語ネイティブスピーカーは trifle と聞いても私と同じようには反応しないかもしれません。

　実際、bring/take のテストを受けてもらったアメリカ人に聞いてみると、みなこの例文を見てニヤリとしたようですが、必ずしも trifle という語にデザートのイメージが重なったからではありません（トライフルというデザートがあることはみな知っていましたが）。むしろ、この場面で trifle ということばを使うこと自体が場違いだからなのです。

　このことばには、明らかに戦前の古い響きがあります。しかもその当時ですら、贈り物を形容するのに trifle は使われなかったはずです。

　現代人がこの語を使うとしたら、誰かにあげた「物」ではなく誰かにしてあげた「こと」について「たいしたことではありません」と言う場合（It was the least I could do – a mere trifle.）や、つまらないものに無駄な出費をした場合（He's always spending his money on trifles.）ぐらいのものでしょう。

　こういう古風なことばは英語学習者のみなさんにはあまりお勧めしません。Ｐ・Ｇ・ウッドハウス（P. G. Wodehouse——20 世紀前半に活躍したイギリス出身のユーモア作家）ばかり読んでいるよう

な印象を人に与えたいなら別ですが。

　先ほど触れた教師用マニュアルには、trifle の代案として something trivial という言い方も載っていました。私はこれを見て、この著者は英語圏の国に行ったことがないのだろうと推測しました。現代英語でよく使われる trivial の用例としては、trivial details（おそらくこれが最もよくある組み合わせでしょう）, trivial matters, trivial complaints, trivial objections, trivial rules, trivial offences などがありますが、something trivial というのは、「ごく軽い症状」などを指す場合が多いからです。

　私と同世代のイギリス人なら、『フォルティ・タワーズ』（*Fawlty Towers*）というテレビのコメディ番組のこんなシーンを覚えているに違いありません。ジョン・クリーズ（John Cleese）演じる安ホテルの主人が、客に「病院に行くから」と予約をドタキャンされて、I hope it's nothing trivial. と吐き捨てるようにつぶやくのです。これは、普通なら I hope it's nothing serious.（何でもないといいですね）と言うべきところですが、ひとこと変えただけで「重い病気でばちがあたりますように」という意味にすり替わっているのです。

　もちろん、something trivial が贈り物に使えないとは言い切れませんが、もし使うとしたら贈る側よりもむしろ受け取る側のほうではないでしょうか。どんな状況かはちょっと想像に苦しみますが、たとえば貰ったギフトについて（第三者に）否定的な感想を述べる場合でしょうか。だとしたら、おそらく cheap, unwanted, useless, あるいは insulting などの言い方のほうがぴんとくるかもしれません。

　自分の能力、実績、家族、財産、将来、あるいは人への贈り物などについて謙遜する習慣は、何も日本の専売特許ではありません。しかし、もし謙遜のワールドカップが開かれたなら、日本は間違い

なく優勝候補の筆頭でしょう。

たとえば Here's something wonderful for you to take home to your wife. などと自慢するのを是とする文化はどこにもないと思いますが、逆に、人に贈り物を渡すときに「つまらないものですが」と卑下するのも、英語圏の文化ではやや奇異に受け取られます（本当につまらないものなら別ですが）。

英語圏の文化でも、何事であれ自慢するのが一般にタブーとされることは日本と同じですが、劣悪とはほど遠いものを大げさに卑下してみせたりすると、誠実さに欠けると受け取られかねません。

ただし、過分に感謝されたりほめちぎられたりしたときは別で、Oh, it was nothing. などと答えるのがお約束となっています。

要するに、英語のネイティブスピーカーにギフトを渡す場合は「つまらない」を英語で言おうなどと考えないほうがよい、というのが私のアドバイスです。

一時期は Here's a little something. という言い方がはやりましたが、やや甘えたような響きがあるせいか、今ではあまり使われません。

本章の例文のように誰かにギフトを託す場合は、中味が何かわかるよう、

Here's a box of chocolates for you to take home to your wife.

などと言ってもよいでしょう。相手に直接ギフトを渡す場合でも、中味が何かは伏せたまま、

- Here's something I found when I was in Aomori last week, and I felt sure you would like it.
- Here's something I hope you'll find useful in your new home.

などとコメントを添えればよいと思います。

本章冒頭の例文（つまらないものですが、奥様にお持ち帰りください）については、いろいろ訳が考えられますが、私だったら「つまらないもの」はあえて訳さず、

Here's something for you to take home to your wife. (I hope she likes it.)

のように言うでしょう。

▶ go/come と「行く／来る」の違い

最後に補足として、go/come と日本語の「行く／来る」の違いを整理しておきましょう。日本人がいちばん戸惑うのは、話し手（あるいは第三者）が相手（you）に向かうときに、日本語では「行く」というのに対し、英語では go ではなく come を使う、という点です。前出のハワイ旅行についての会話文を例にとってみましょう。

A: Hi, Tim. I'm in Hawaii. Why don't you *come* over for a few days?
B: You didn't tell me you were *going* to Hawaii! When did you *go*?
A: At the beginning of the month. Anyway, how about it? Can you *come*?
B: I wish I could (*come*), but there's no way I can take any time off work at the moment. You should have told me earlier that you were going – I might have been able to arrange something.

この会話文は、日本語ではこうなります。

A：ティム、今ハワイにいるんだ。君もしばらく遊びに**来ないか**？
B：君がハワイに**行く**なんて聞いてなかったよ。いつそっちへ**行ったの**？
A：今月のはじめだよ。で、どう？**来られる？**
B：**行きたい**のはやまやまだけど、今はとうてい仕事を抜けられないな。君がそっちに行くってもう少し早く知らせてくれていれば、たぶん都合をつけられたんだけど。

　もとの英文と比べてみればわかるように、「来る」と come、「行く」と go はほとんどが呼応しているのですが、行きたいのはやまやまだが無理だ、という部分だけは I wish I could come. となっています。日本語で考えると、まるでここだけ逆転しているような気がしますね。この矛盾をどうにかして克服できないものでしょうか？

　たとえばこの come は、「行く」の敬語表現、すなわち「うかがう」、「おじゃまする」、「来させていただく」のようなもの、と考えるとよいかもしれません。

　相手に向かって進むことを表現する場合に、直接的に go というと、そこにいる相手を無視してどやどやと突進するようで失礼な感じを与えてしまう。そこで相手の視点に立って（つまり自分をややへりくだった立場に置いて）come を使うことで、相手に敬意を表すのだ、と考えれば、日本人的な感覚を持つ人には納得しやすいでしょう。

　（もちろん実際には英語のネイティブスピーカーはそうした意識など持たずに自然と come を使っているので、これを敬語表現の一種と考えるのはあくまで方便に過ぎませんが。）

　要するに、「行く」はほとんどの場合英語でも go ですが、行く先が相手（you）の居場所と重なる場合にのみ、敬語的に come を使う、と覚えておけば便利だと思います。

これを図式化すると、以下のようになります。

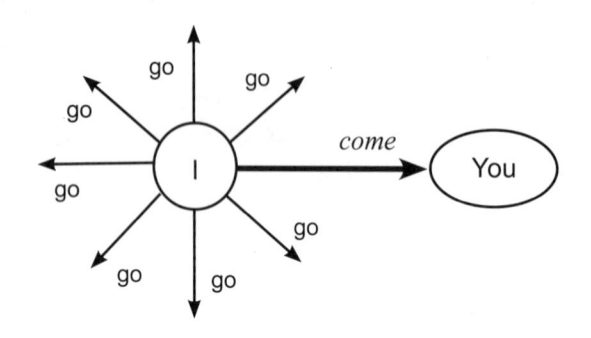

 これを上の「君がハワイに行くなんて聞いてなかったよ」にあてはめてみるとどうでしょうか。相手自身が移動するときは、必ず今の居場所を離れる方向に向かうので、go しか使えません（相手が話し手に向かってくるときだけは例外で come になりますが、その場合は日本語でも「来る」ですから自明ですね）。

 では、「行きたいのはやまやまだけど」のほうは？　こちらはすでに相手の居場所となっているハワイに話し手が向かうのですから、相手に敬意を表して come を使う場面だ、と考えれば間違えずに済みます。

 では、take/bring と「持って（連れて）行く／持って（連れて）来る」の関係はどうでしょうか。これも基本的には go/come の場合と同じと考えられます。

 すなわち、日本語で「何かを持って行く／誰かを連れて行く」にあたるものは、ほとんどの場合が take で、**移動先が相手（you）の居場所と重なる場合のみ、take の代わりに敬語的に bring を使う**ととらえれば、かなりネイティブスピーカーに近い選択ができるでしょう。

▶ bring は「持って行く」ではない？

ついでながら、話し手自身に向かって「何かを持って来る／誰かを連れて来る」場合はすべて bring だと考えてください。

辞書には bring の意味として「持って来る／持って行く」の両方が載っているので、bring はどちらの意味にも同等に使える、と思っている人も多いのではないでしょうか？ 実はこのことこそ、日本人が bring と take の使い方を取り違えてしまう原因の 1 つではないかと思います。

実際には、bring が「持って行く」の意味で使われるケースはどちらかといえば少数で、また前出のテスト結果を見ても、回答したネイティブスピーカーの大多数が bring を第一義的には「持って来る」の意味にとらえています。

ですから、みなさんも「持って行く」を英語で表現する場合には、**まず bring ではなく take を思い浮かべる**ようお勧めします。そして、持って行く先が相手の居場所に重なる場合にだけ相手に敬意を表して bring を使う、と考えれば、英語ネイティブスピーカーの感覚に近い結果が得られるはずです。

これを念頭に置いて、この章のはじめに挙げた練習問題（1 〜 17 問）にもう一度挑戦してみると、その効果がわかるかもしれません。

著者紹介

● T・D・ミントン(T. D. Minton)●
英国ケンブリッジ大学卒。慶應義塾大学教授。著書に『ここがおかしい日本人の英文法』『ここがおかしい日本人の英文法II』『ここがおかしい日本人の英文法III』(すべて研究社)など。

● 国井仗司(くにい じょうじ/George Cooney)●
翻訳家。東京大学教養学部イギリス科卒。「英語で朗読!」音声配信サイト(http://lite.air-nifty.com/air/)主宰。

編集協力: 上大迫佐恵

日本人の英語表現
Expressing Yourself in English

● 2012年7月6日初版発行 ●

● 著者 ●

T・D・ミントン

● 訳者 ●

国井仗司
（くにいじょうじ）

Copyright © 2012 by T. D. Minton and George Cooney

発行者 ● 関戸雅男

発行所 ● 株式会社 研究社

〒102-8152 東京都千代田区富士見2-11-3

電話 営業03-3288-7777（代） 編集03-3288-7711（代）

振替 00150-9-26710

http://www.kenkyusha.co.jp/

装丁 ● 久保和正

組版・レイアウト ● mute beat

印刷所 ● 研究社印刷株式会社

ISBN 978-4-327- 45246-9 C0082　Printed in Japan

価格はカバーに表示してあります。
本書の無断複写（コピー）は著作権法上での例外を除き、禁じられています。
落丁本、乱丁本はお取り替え致します。
ただし、古書店で購入したものについてはお取り替えできません。

T・D・ミントン
好評既刊

『ここがおかしい日本人の英文法』
ISBN 978-4-327-45134-9　C1082

『ここがおかしい日本人の英文法 II』
ISBN 978-4-327-45153-0　C1082

『ここがおかしい日本人の英文法 III』
ISBN 978-4-327-45180-6　C1082